村上春樹が売れる理由

深層意識の解剖

大川隆法
RYUHO OKAWA

まえがき

大学一年生の七月から、翌月の八月末にかけて、僕は実父がもし胃癌《いがん》で死んだらどうなるか、ということばかりを考えていた。徳島の夏は蒸《む》し暑く、父の氷枕《こおりまくら》の氷を取り換えるためだけに、一日一回近所の氷屋に氷を買いに行く以外は、とりたてですることもなく、父の病室で、ベンディクスの『マックス・ウェーバー』やウェーバー自身の『支配の社会学』や、クラウゼヴィッツの『戦争論』を読んで一夏を過ごした。時折、ゴキブリが出たとか、畳ジラミが出たとか言って、父がナースに「ＤＤＴ」を持って来いと命じる声が、遠くの風鈴の音と重なって聞こえたが、具体的な像を心に結ぶことはできなかった。母はもうとっくに父の死を覚悟していて、家庭教師や奨学金で自分の生活費を稼ぐなら、大学院に行って学者になってもよい、と僕に告げた。僕はうっすらと、色彩を持たない自分の運命が、働かなくてはならない方向へと流れていくのを感じた。無常の世に流されていくのを止めようとしても、そのあがきにはリアリティがなかった。僕は人生の大地への旅に出ることにした。

二〇一三年　五月二十九日

幸福《こうふく》の科学《かがく》グループ創始者兼総裁《そうししゃけんそうさい》　大川隆法《おおかわりゅうほう》

村上春樹が売れる理由　目次

まえがき　1

村上春樹《むらかみはるき》が売れる理由

――深層意識の解剖《かいぼう》――

二〇一三年五月十九日　村上春樹守護霊《しゅごれい》の霊示《れいじ》
東京都・幸福の科学　教祖殿《きょうそでん》　大悟館《たいごかん》にて

1　村上春樹氏の「心の本質」に迫《せま》る　15
実存主義文学のようだった『ノルウェイの森』　15
買って後悔《こうかい》することが度々《たびたび》の「村上春樹作品」　18
どの作品の舞台《ぶたい》設定も、青春期で止まっている　20
作者の思索《しさく》レベルが低い作品は幼稚《ようち》に見える　25
村上春樹は、〝第二の大江健三郎《おおえけんざぶろう》〟になるのか　28

社会的影響力《えいきょうりょく》の大きい村上春樹氏の「心の本質」を探《さぐ》る　30
作家・村上春樹氏の守護霊を招霊《しょうれい》する　32

2　**一週間で百万部が売れた理由**　34
絶対に教えてはいけない「売れる理由」とは　34
本当に「百万部」が売れたのか　39
「内容を出さずに、期待感だけを盛り上げる」という手法　41
「〝肩《かた》すかし〟も技《わざ》のうち」と居直る村上氏守護霊　46

3　**「小説の手法」について訊《き》く**　51
『ノルウェイの森』で描いたのは「ノスタルジー」　51
「地図を作る大川隆法」と「地図を切り刻む村上春樹」　55
自分の「迷い」や「孤独感《こどくかん》」を読者と共有している?　56
質問者に〝弟子《でし》入り〟を勧《すす》める村上氏守護霊　60
「宗教に煩悩《ぼんのう》を消されたら書くことがなくなる」と主張　62

「欧米型《おうべい》の大作家の境地」に達した自負がある　64
「宗教の仮面」を暴《あば》けば面白《おもしろ》い文学になる？　65
「幼少時からのトラウマ」が書く衝動《しょうどう》を生んでいるのか　67
「国語教師である両親の上流に立った」という認識　70
「若い世代の煩悩」が分かるのは文学的才能？　72
世界で読まれる「英米文学者」と同じ土俵に立ちたい　73

4　村上春樹氏の「政治観」　75

「ネガティブこそ文学の原点」なのか　75
その発言が世界に影響を与《あた》えるトルストイやガンジーが目標　77
「手探りで生きることが人生の本質」という実存主義的価値観　79
「村上春樹」は中国人・韓国人《かんこく》が日本を理解するための覗《のぞ》き窓？　81
「ノーベル賞を取り損《そこ》ねて悔《くや》しい」という本音　84
日本は〝母国〟である中国に「お返し」をするべき？　87

「日本人は嫌《きら》いだが、村上春樹は別だ」と思われたい　90
朝日新聞の記事は「ノーベル文学賞を意識したもの」　92
「暴力に対して、暴力で対するな」はテロにも通用するか　94
村上春樹の小説は北朝鮮《きたちょうせん》への「希望の絆《きずな》」？　96
日本にテロが起こらないのは「平和憲法」のおかげ？　99
「文学の使命としては反戦文学が正しい」という見解　100

5

日本が中国に占領《せんりょう》されることの是非《ぜひ》　102

「ノンポリのつもり」で政治的影響力を与えている現実　102
「反国家主義的な活動家」に出やすいノーベル賞　105
安倍《あべ》首相を「ウルトラ右翼《うよく》」「第二次大戦の亡霊《ぼうれい》」と呼ぶ　106
全共闘《ぜんきょうとう》時代で止まっている村上氏の政治的認識　110
アメリカと中国とが牽制《けんせい》し合えば平和が続く？　112
好戦的な「アメリカの正義」に対する疑問　114

中国による日本占領後も「名誉《めいよ》中国人」として生き残れる？　116
日本が中国に占領されたら「朝日」だけが残るだろう　118
まるで中国人のように語る村上氏守護霊　121

6　**文学における「価値判断」の問題**　125
「それぞれの時代の苦しみのなかで文学が生まれる」は本当か　125
作家に必要なのは「霊界体験《れいかいたいけん》」より「肉体労働」？　126
地獄《じごく》文学のレッテルは「売れなくなるから困る」　128
善悪の価値判断を加えたら「まえがき」だけで終わる？　130
「天使も悪魔《あくま》も〝定価の下《もと》の平等〟に生きている」と断言　131

7　**「拝金主義」を肯定《こうてい》する村上氏守護霊**　133
「中国が怒《おこ》っているなら島ぐらいやれ」という主張　133
中国の一省になれば、「自分が〝日本自治省〟の文化大臣」　135
「拝金主義」は中国・日本を貫《つらぬ》く〝永遠の真理〟か　137

〝グローバル平和主義〟という言葉に隠《かく》された自虐《じぎゃく》史観　141
表《おもて》に出ないのは「人にいろいろ言われるのが嫌いなだけ」　142

8　**村上春樹氏の「過去世《かこぜ》」とは**　146
中国で「歴史の記録係」のような仕事をしていた　146
「戦争は文学のタネになるから面白い」というのが本心　147

9　**大川隆法へのライバル意識**　150
「ノーベル賞作家」として歴史に名前を遺《のこ》すか　150
村上氏が「アメリカ好き」の理由　153
村上春樹と幸福の科学は「ウィン・ウィン」の関係？　156
「村上文学」で煩悩のままに苦しみながら自分なりの出口探し　159

10　**何らかの影響を受けることを期待**　163
今回の霊言《れいげん》で「村上文学」に変化が出るか　163
「金儲《かねもう》け」がマスコミの正義なら宗教には勝てない　165

あとがき 168

「霊言現象《れいげん》」とは、あの世の霊存在の言葉を語り下ろす現象のことをいう。これは高度な悟《さと》りを開いた者に特有のものであり、「霊媒現象《れいばい》」（トランス状態になって意識を失い、霊が一方的にしゃべる現象）とは異なる。外国人霊の霊言の場合には、霊言現象を行う者の言語中枢《ちゅうすう》から、必要な言葉を選び出し、日本語で語ることも可能である。

また、人間の魂《たましい》は原則として六人のグループからなり、あの世に残っている「魂の兄弟」の一人が守護霊《しゅごれい》を務めている。つまり、守護霊は、実は自分自身の魂の一部である。したがって、「守護霊の霊言」とは、いわば本人の潜在《せんざい》意識にアクセスしたものであり、その内容は、その人が潜在意識で考えていること（本心）と考えてよい。

なお、「霊言」は、あくまでも霊人の意見であり、幸福の科学グループとしての見解と矛盾《むじゅん》する内容を含《ふく》む場合がある点、付記しておきたい。

村上春樹《むらかみはるき》が売れる理由

——深層意識の解剖《かいぼう》——

二〇一三年五月十九日　村上春樹守護霊《しゅごれい》の霊示《れいじ》

東京都・幸福の科学 教祖殿《きょうそでん》 大悟館《たいごかん》にて

村上春樹《むらかみはるき》（一九四九〜）

日本の小説家、アメリカ文学翻訳《ほんやく》家、エッセイスト。早稲田《わせだ》大学第一文学部卒業。一九七九年、『風の歌を聴《き》け』（群像新人文学賞）でデビュー。一九八七年発表の『ノルウェイの森』がベストセラーとなり、これをきっかけに村上春樹ブームが起きる。その他の主な作品は、『ねじまき鳥《どり》クロニクル』『海辺のカフカ』『1Q84《いちきゅうはちよん》』など。海外でも人気が高く、フランツ・カフカ賞をアジア圏《けん》で初めて受賞し、以後ノーベル文学賞の最有力候補と見なされている。

質問者　※質問順

武田亮《たけだりょう》（幸福の科学副理事長 兼《けん》 宗務《しゅうむ》本部長）

石川雅士《いしかわまさし》（幸福の科学宗務本部第一秘書局局長代理）

綾織次郎《あやおりじろう》（幸福の科学理事 兼「ザ・リバティ」編集長）

［役職は収録時点のもの］

1　村上春樹《むらかみはるき》氏の「心の本質」に迫《せま》る

実存主義文学のようだった『ノルウェイの森』

大川隆法　最近、村上春樹《むらかみはるき》さんの新作（『色彩《しきさい》を持たない多崎《たさき》つくると、彼の巡礼《じゅんれい》の年』）がベストセラーになっているようですので、どういうかたちでベストセラーになり、どんな層に当たって売れているのか、研究してみたいと思います。

どうやら、私たちの出している本が当たっていない層あたりに〝弾《たま》〟を当てている感じがしないでもありません。そのため、「私たちの本が、もっと多くの人たちに浸透《しんとう》していくためのヒントがつかめないものか」ということが、頭から離《はな》れないでいたのです。

今、作品を英語に翻訳《ほんやく》して、海外で五千部以上売れる人は、村上春樹と大川隆法の二人しかいないそうです。日本人の本は、普遍性がないせいか、海外では全然売れず、日本国内のマーケットだけで完結しているのでしょう。もちろん、私の本は、彼のものとは分野が違《ちが》いますけれども、小説としては、この人の作品ぐらいしか知られなくなってきているようなのです。

はたして、どういうところに人気があるのでしょうか。

ただ、「国内では、若い人に読まれている」と思っていたのですが、家内《かない》に訊《き》いても、「全然関心がない」と言っていたので、やや、拍子抜《ひょうしぬ》けしました。

また、村上さんは、今、六十四歳《さい》になっており、意外にも私より年上なのですが、書いたものを読むかぎり、三十代ぐらいで止まっている感じがします。おそらく、ターゲッティングとしては、「学生から、まだ青春を覚えている層」あたりを想定しているのではないかと思われます。

いちばん売れた作品は『ノルウェイの森』ですが、私としては、あの作品ぐらいが、比較《ひかく》的理解できたものではありました。ヨーロッパ旅行に行ったときに、『ノルウェイの森』の単行本を機内に持ち込《こ》み、ソ連を通過する高度一万メートルの上空で読んだ記憶《きおく》があります。帰りには、ロシアに変わっていましたが（笑）、ちょうど、そのころのことです。もしかしたら、ノルウェイが近づいてくる感じのあったところが、よかったのかもしれません。

これは、当時、四百三十万部を売るベストセラーとなり、二〇〇九年には、文庫本とあわせて累計《るいけい》一千万部突破《とっぱ》とも言われている作品ですが、実存主義文学のような感じを受けました。

青春期の挫折《ざせつ》や苦しみ、あるいは、「出口のない世界」を書いていますので、文学としては、「そんなものかな」という感じはしましたし、歴代の芥川《あくたがわ》賞作品などには、もっと暗い内容のものもありますので、そういう世界に共感し、自分を投入する人も多いのでしょう。読んだときには、私も三十代だったので、まだ、学生時代の彷徨《ほうこう》している感じが分かったのかもしれません。

買って後悔《こうかい》することが度々《たびたび》の「村上春樹作品」

大川隆法　ただ、その後、実務や学問に関係する本を大量に読むことで実務的知性、学問的知性が鍛《きた》えられたせいか、時代考証のしっかりした歴史小説等、勉強にもなる小説であれば面白《おもしろ》く読めはするものの、単なるフィクションは読めなくなってきました。それは、年齢《ねんれい》や社会経験相応のものではあるでしょう。

村上さんの本は、ほとんど買っているとは思うのですが、二回読み返せる本は、ほとんどなく、むしろ、買ったあとに、「しまった!」と思うことが多いのです。本を買う習慣のある人間としては、書店に山積みしてある本や、「売れている」と聞いた本は、「参考までに買わなくてはいけない」と思って、ついつい買ってしまうのですが、買ったあとに後悔《こうかい》することが、ほとんどであって、「『時間』と『お金』と『頭』の三つが惜《お》しい」という感じがするわけです。

村上ファンに失礼に当たったら申し訳ないのですが、やはり、「人間が頭で空想し、フィクションとしてつくり上げて延々と書いた本」に付き合うのは、なかなか大変なことであり、よほど暇《ひま》でなければ、やっていられません。

忙《いそが》しい人にしてみれば、「もう少し、言いたいことを、はっきり言ってくれないかな」「結論がないなら、書かないでいただきたい」という気持ちがあるため、延々と読まされたあげく、「結局、何だったわけ？」という感じになるのはつらいのです。

そういう作風が許されるのは、三十五歳ぐらいまででしょう。それくらいまでであれば、「青春の残像」が残っていてもよいかと思うのですが、それを越《こ》えたら、もう少し、まともなことを発信しないと、社会に対する責任が果たしていけないと思います。

しかし、村上春樹を研究した本までが、彼の人気に便乗して出版されておりますし、文藝春秋《ぶんげいしゅんじゅう》も、最新刊については、「広告等で、内容を一切《いっさい》明かさずに注文を取り、書店に山積みにして並べる」という見事な作戦を取り、「発売前に五十万部を刷り、一週間で百万部を売り上げた」との宣伝がなされています。また、ＮＨＫのニュース番組にも、「一週間で百万部が売れた」と、〝事実〟として報道させていましたので、そうとうな力があると思われます。

もちろん、私たちのように本を出している者としては、「それが、本当の数字である」と素直《すなお》に信じるわけではありません。また、当会でも、かつて、「初版七十万部！」という広告を打ったこともあるのです。ただ、同業ではないにしても、同じく本にかかわる仕事をしている者として、これ以上、そのへんについて追及《ついきゅう》することはやめておきます。その宣伝内容が、〝既成《きせい》事実〟としてまかり通っているのであれば、そういうことにしておきましょう。

どの作品の舞台《ぶたい》設定も、青春期で止まっている

大川隆法　この『色彩を持たない多崎つくると、彼の巡礼の年』という作品は、「高校時代の五人の友達のうち、四人の名字には、それぞれ、『赤』『青』『白』『黒』という文字が入っていた。しかし、自分だけは色が入っていない名字だった」とい

う設定です。おそらく、このあたりの内容を思いつくことで書かれた本だろうと推定はします。

また、英語に翻訳したときに、外国人が、日本人の登場人物の名前を覚えられずに、読みにくくなることがあるため、これは、そうならないようにするための配慮《はいりょ》ではあるのでしょう。

例えば、私たち日本人の場合、ロシア文学を読んでも、ロシア人の登場人物の名前を、どうしても覚えられずに苦しみ、読み進めていくうちに、「この人は誰《だれ》だったろう?」などと分からなくなることがあります。ロシア文学は、そもそも一気に読めないことが多く、何日かに分けて読むことになるのですが、そのうちに、「登場人物が、いったいどんな人だったのか」が分からなくなるわけです。あのつらさは、たまりません。

専門家のなかには、「そういう場合は、読んでいる途中《とちゅう》で、『登場人物の名前と、その人の特徴《とくちょう》』を付箋《ふせん》にメモをして貼《は》っておくと、続きを読むときに分かりやすい」

とアドバイスしてくださる方もいるのですが、日本人にとって、ロシア人の名前は覚えにくいものです。

しかし、同じように、外国人にとって、日本人の名前は覚えにくいでしょうから、「英訳されたときのことを考えて、『レッド』『ブルー』『ホワイト』『ブラック』等と訳されて、そのままで通用するように書いているのだろう」というところまでは読めます。だいたい、そうなるでしょう。

それ以前に書いた、オウム教をモデルにしたような作品にも、「青豆《あおまめ》」というヒロインが出てくるのですが、それも、「英語に訳した場合、名前として分かりやすい」という発想ではないかと思われます。ただ、日本人にとっては、多少の違和感《いわかん》があり、「あまり、非現実的な感じのする名前を使ってほしくないな」という気がしなくもありません。

オウム教絡《がら》みのものは、幾《いく》つかあるので、ドキュメンタリーのような、すごい作品かと思って読んでみたこともあったのですが、相変わらずの「村上ワールド」であり、赤線を引くところなど、ほとんどないようなものだったために、がっかりしたことがあります。しかし、「そういう、分からないところがよい」という人もいるのだろうとは思います。

『海辺のカフカ』という本も、発売されたときには山積みにされており、題名に騙《だま》されて買ってしまいました。私からすれば、当然のように、「海辺で静養している間に、フランツ・カフカの作品について思いを巡《めぐ》らせ、その謎《なぞ》を解いたり、自分の解釈《かいしゃく》を述べるような作品だろう。ノーベル文学賞を取ったヘルマン・ヘッセ的で、回想的な文学論が出てくるに違いない」と思い、買って帰ったのですが、単に、名前がカフカ（田村《たむら》カフカ）というだけの、十五歳の少年の物語だったために、軽いショックを受けたことを覚えています。

しかし、この年齢で、十五歳の少年をモデルにして書けること自体が、すごいのかもしれません。なかなか書けるものではないでしょう。

解説本等を読むと、案の定《じょう》、「十四歳の少女が、十五歳という、自分と同じぐらいの年齢の少年の苦悩《くのう》の世界を読んで、自分と同一視した」というようなことが書いてありますから、十代の人の気持ちで書けるのは、大したものだとは思います。『ノルウェイの森』でも、主人公が三十七歳のときにフラッシュバックを起こし、友人の自殺等、青年時代の悩《なや》める日々の回想が始まっていきましたが、どの作品も、このあたりで止まっている感じがしてしかたがありません。それ以上には行かない感じがします。

さらに、『ねじまき鳥《どり》クロニクル』は、宣伝によれば、「ノモンハン事件を素材にして書いた」とされていました。私は、「司馬遼太郎《しばりょうたろう》ですら、あまりに暗い内容のせいで書けずに投げ出したノモンハン事件を、ついに小説にしたのか。それはすごい」と思って、買ってみたわけですが、どこにノモンハン事件が書いてあったのか、よく分からないままに終わってしまいました。おそらく、どこかに〝痕跡《こんせき》〟ぐらいはあるのでしょうが、そうなると、まるで〝宝探し〟です。

私のような読者は想定していないでしょうから、それでいいのかもしれませんけれども、これは、ある意味で、〝詐欺罪《さぎざい》〟に当たる本だと思いました。間違って買った人が大勢いるのではないでしょうか。

作者の思索《しさく》レベルが低い作品は幼稚《ようち》に見える

大川隆法　村上さんは、フランツ・カフカ賞を取っておりますけれども、確かに、幻想《げんそう》的な文学を書いたフランツ・カフカを意識してはいるようです。

しかし、カフカ本人は、実際に、霊夢《れいむ》を通じて霊界《れいかい》を体験しており、それを踏《ふ》まえて霊界世界を書いているのです。この世の人からは、それが空想や幻想のように見えるため、分かりにくくはあるのですが、私には、カフカの作品に霊界体験がそうとう入っていることが見て取れます。つまり、分からないなりにも、ある種の理由が感じられるわけで、霊界の話が混ざっているのが、はっきり感じられるのです。

一方、村上さんは、たぶん、そこまで分からずにカフカを読んでいると思われます。また、イギリスの作家のカズオ・イシグロの影響《えいきょう》を受けているでしょうし、意識もしているると推定されます。この人は、日本で生まれ、五歳でイギリスに渡《わた》り、〝英語ネイティブ〟となって、向こうで数々の文学賞も受けている方です。

私も、カズオ・イシグロの本からは、英語で読んでも日本語で読んでも、ある程度の文学性は感じます。確かに、実存主義的でペシミスティックな感じのある文体を使う方ではあるのですが、彼なりに言いたいことは入っているので、理解できるところもありますし、「読んで損をした」という感じは残りません。

私は、これまで、あまり文学論について述べたことはないのですが、昔は、文学少年ではあったのです。ただ、今では、小説が読めなくなっています。それは、結局、作者の思想のレベルや、体験のレベル、ひいては、思索《しさく》のレベルの問題でしょう。思索のレベルが、一定以上に到達《とうたつ》していないと幼稚《ようち》に見えてしまい、読めなくなってくることがあるわけです。

おそらく、私の本の読者も同じで、村上さんの小説だけではなく、いろいろな雑誌に載《の》っている現代小説や、さまざまな賞を取った人の小説であっても、「読めない」

という方が多いのではないでしょうか。私は、芥川賞や直木《なおき》賞等の文学賞を取った作品ですら、読めないというか、読んでいるうちに退屈《たいくつ》してしまって、頭に一行も残らず、「創作のための創作」に見えるものが多いことは事実です。

もし、一つのジャンルばかりに取り組んでいたら、何か見えてくるものがあるのかもしれないのですけれども、やはり、「意味」や「結論」を求めている者にとっては、人生が惜しい感じがしないわけではありません。

村上さんの作品に関しては、「ほかのものに比べれば、これでも、いいことが書いてあるのだろう」とは思うものの、例えば、オウム教について書いたものは、宗教としてのオウム教を批判したこともある幸福の科学の立場から見ると、残念ながら突《つ》っ込み不足であり、宗教教養の不足に関しては、「物足りなさ」を通り越して、「書く立場にないのではないか」ということまで感じました。

ジャーナリスティックな作品であれば、それなりに面白いこともあるのですが、「ジャーナリストでもない、フワッとした小説家が、オウム教の起こした事件について書く」というのは、まるで、「ミツバチが、バイオテクノロジーで培養《ばいよう》されているビニールハウスに迷い込んで、その中を眺《なが》めている」というような感じに見えたのです。

村上春樹は、〝第二の大江健三郎《おおえけんざぶろう》〟になるのか

大川隆法　ただ、もう一つ、別な問題があります。

昨年（二〇一二年）、大江健三郎《おおえけんざぶろう》という、ノーベル文学賞も取った人が、脱《だつ》原発の旗印となって行動していたのですが、村上さんも、昨年の九月二十八日の朝日新聞に、「魂《たましい》の道筋　塞《ふさ》いではならない」というエッセーを寄稿《きこう》しているのです。

要するに、「北京《ペキン》の書店から自分の本が消えたのは、けしからん。尖閣《せんかく》や竹島《たけしま》をめぐる問題等によって、日本文学が本屋から引き揚《あ》げられ、消えていっている。これが、国家の意志によるものなのか、書店の意志によるものなのかは分からないが、消えていることは残念だ。東アジアに固有の文化圏《けん》が出来上がってきたところなの

に、島のことぐらいで政治的に騒《さわ》ぎ立て、軋轢《あつれき》を起こしている。そんな、自分の本が売れなくなるような世界は来てほしくない」ということでした。

ただ、これについて、私は、「朝日新聞が政治的に利用したのではないか」と読み、チェックしたのです。おそらく、村上さんは、自覚のないままに利用されていると思いますので、やはり新聞社のほうが、そうとう上手《うわて》ではありますが、この文学者を、〝世界的文学者〟と持ち上げ、発言させることで、領土紛争《ふんそう》に対する左翼《さよく》的運動を擁護《ようご》し、あるいは、中国の味方をする方向に言論を誘導《ゆうどう》しようとする意図が読み取れたので、警戒《けいかい》したわけです。

もちろん、「本が撤去《てっきょ》されるかどうかは、大問題だ」という言い方はあるけれども、認識論としては、もう一段上の議論があるはずです。やはり、「なぜ紛争になっているのか」を考えないことにも、「善悪の問題に気がつかない」ということにも、問題があるのではないでしょうか。

六十四歳という年齢からすると、精神年齢が付いていけていないと思われます。

実は、彼を取り上げるべきかどうか、何日か迷ったのです。しかし、いちおう、日本ではヒットしていますし、海外でもそうなのかもしれませんから、このへんの理由を探《さぐ》ってみれば、「私たちの出している本が当たらない層は、いったいどのあたりなのか」とか、あるいは、「政治運動をしていても言葉が通じないのは、どういう層なのか」とかいうことの意味が分かるでしょう。

また、〝第二の大江健三郎〟として、左翼反戦運動にうまく使われたりしないかどうかを踏まえ、「この人の人生観・思想観の本質がどのへんにあるか」を守護霊《しゅごれい》レベルで訊き、チェックしてみたいと考えています。

社会的影響力《えいきょうりょく》の大きい村上春樹氏の「心の本質」を探《さぐ》る

大川隆法　私としては、文学そのものをテーマにすることが珍《めずら》しいこともあり、やや前置きが長くなりました。ただ、ある程度、社会現象というか、文化現象となり、国民に影響《えいきょう》を与《あた》えてきたものについては、宗教の目からチェックしなければならないのではないかと思います。

やはり、一定の影響力が出てくれば、政治性を帯びてきますし、善悪の観念にも影響してくることはありえます。そういう意味では、「心の本質が、どのへんにあるか」を探《さぐ》っていくことは大事なことではありましょう。

先日も、テレビ朝日の「報道ステーション」のメインキャスターである古舘伊知《ふるたちいち》郎《ろう》さんの守護霊を出してみましたが、大勢の人に意見を聞かせる立場にある人たちのメンタリティーや、心の本質を調べることは、ある意味で、公人に対する公開調査だと思います（『バーチャル本音対決――TV朝日・古舘伊知郎守護霊 vs. 幸福実現党党首・矢内筆勝《やないひっしょう》――』〔幸福実現党刊〕参照）。

村上さんについては、今後、政治的発言が増えてくることも予想されるので、どんな人であるのか、人生観、宗教観、文学観、政治観等を含《ふく》めて調べてみます。

ただ、私は、村上作品の読者から、作中の登場人物や場所等について、細かい質問を受け付けるには適しておりません。一回しか読んでいない本が多いので、その手のことはできませんけれども、「この人の魂の本質に迫《せま》ることは可能である」と考えます。

作家・村上春樹氏の守護霊を招霊《しょうれい》する

大川隆法　それでは、以上を前置きとして、これから調べてみましょう。

最近、『色彩を持たない多崎つくると、彼の巡礼の年』という本を文藝春秋から出し、「一週間で百万部突破」という、まことに喜ばしい文化的事業をなされました、作家の村上春樹さんの守護霊をお呼びし、ベストセラーの秘密等に迫ってみたいと思います。

村上春樹さんの守護霊よ。

村上春樹さんの守護霊よ。

どうか、幸福の科学 教祖《きょうそ》殿《でん》 大悟館《たいごかん》に降りたまいて、われらに、その魂の声を聞かせてください。

「魂」という言葉は、あなたも使われているはずです。「魂の道筋」という言葉も使われているはずです。

われらに、その魂の本質を明かしたまえ。

村上春樹さんの守護霊よ。

村上春樹さんの守護霊よ。

どうか、幸福の科学　教祖殿　大悟館に降りたまいて、われらに、魂のあり方や、その本質を教えたまえ。


（約五秒間の沈黙《ちんもく》）

2 一週間で百万部が売れた理由

絶対に教えてはいけない「売れる理由」とは

村上春樹守護霊　う、うーん……。

武田　おはようございます。

村上春樹守護霊　うーん……、こういう手で来るか。

武田　村上春樹さんの守護霊でいらっしゃいますか。

村上春樹守護霊　そうだよ。文春《ぶんしゅん》で出したのが具合悪かったかなあ。喧嘩《けんか》してるのかなあ。

武田　そういうおつもりなのですか。

村上春樹守護霊　うん？　文春は、おたくと、何か争いごとがおありなんじゃないの？

武田　村上さんご自身は、何か意図があって、文春から本を出されたわけではありませんよね。

村上春樹守護霊　いや、別に、そんなことはないです。私は文学者だから関係ありませんけどね。

武田　偶然《ぐうぜん》ですよね。

村上春樹守護霊　私を認めてくれる大手の出版社で出してくれればいいわけですから、特に意図はないけど。

まあ、文藝春秋《ぶんげいしゅんじゅう》もベストセラーを出したくて、うずうずしていた。最近、久々に出ているけど、出ないときもあったみたいだからね。まったくベストセラーが出ずに、年間ベストセラーのトップ20に入らない年もあって、苦しいときがあったんだ。久々にベストヒットを打って、「損害賠償《ばいしょう》の賠償金が払《はら》える」と喜んでいるんじゃないかと思います。

そういう意味では、ご協力申し上げているのではないかと、私は思うんですけどね。

武田　今回の作品は、文春からのオファーで出すことになったわけでしょうか。

村上春樹守護霊　まあ、そうですね。私クラスになりますと、自分から原稿《げんこう》を出版社に持ち込《こ》むことは、めったにないですねえ。

武田　村上さんは、日本でたいへん有名なベストセラー作家でいらっしゃいますので、今日は、村上春樹さんの売れる理由を……。

村上春樹守護霊　うーん、ああ。

武田　ぜひ、インタビューさせていただきたいと思います。

村上春樹守護霊　それは高いなあ。君らのところで言えば、百万円ぐらい出してもらわないと、見せちゃいけないんじゃないか？　売れる理由を知ったら、何にでも使えちゃうじゃないですか。
これは、〝秘伝のタレ〟みたいなものでしょう？　絶対、教えちゃいけない。まあ、盗《ぬす》まれるか否《いな》かだけの問題で、「分かる者《もん》だけ、分かれ」というところですよねえ。
武田　そうですね。内容次第《しだい》で考えたいとは思います。
村上春樹守護霊　内容を聞いて、ほかの作家も、みんな同じようになるんだったら、大変なことになりますからねえ。
武田　はい。

本当に「百万部」が売れたのか

武田　最新作の『色彩《しきさい》を持たない多崎《たさき》つくると、彼の巡礼《じゅんれい》の年』は、「すでに、百万部を超《こ》える売り上げが出ている」と、ＮＨＫのニュースでも扱《あつか》われていました。

村上春樹守護霊　ＮＨＫって、いいところだねえ。「一週間で百万部売れた」って、〝公営放送〟で流してくれるんですから。「調べもしないで流してくれる」のはすごいですよ。ありがたいですねえ。

武田　実際に、それだけ売れているのでしょうか。

村上春樹守護霊　まあ、言ってた「百万部」は売れるでしょうよ。

武田　村上さんのところには、「どれくらい売れているか」という報告は来ているのですか。

村上春樹守護霊　いや、印税は、あとから入ってくるから分からないですよ。

武田　今のところ分からないわけですね。

村上春樹守護霊　それは分からないですよね。「まずは、積み上げた」ということで、幾《いく》ら積み上げたか、その実数は知らない。まあ、本屋で積み上げてましたから、本屋ともグル……じゃなくて、一体になって……。

武田　え？　グル？

村上春樹守護霊　いやいや、本屋と出版社とメディアと一体になって、こう……、まあ、今のアベノミクスですよね。

武田　アベノミクス？

村上春樹守護霊　景気向上を後押《あとお》ししなきゃいけないのでね。今、出版文化は落ち込んでいて、電子文化にやられて潰《つぶ》れかかっているから、巻き返さないといけないわけだ。私は、そういう大きな業界の意図を背負って、〝四番バッター〟として出てきたと、まあ、そういうことですよね。

武田　ただいま、「グル」とおっしゃいましたけれども……。「内容を出さずに、期待感だけを盛り上げる」という手法

村上春樹守護霊　ああ、「グル」っていうのは、「悟《さと》りを開いた者《もん》」という……。

武田　いや、先ほどの発言は違《ちが》う意味でしたよね。

村上春樹守護霊　え？

武田　ベストセラーをつくるに当たって、どこまでコミットされているのですか。

村上春樹守護霊　え？　それ、どういうこと？

武田　例えば、今回のベストセラーについては、非常に売り方が上手だと思うわけです。

村上春樹守護霊　まあ、それはそうだね。

武田　まるで、パソコンソフトのウィンドウズが発売されるときのように、内容を出さないままに雰囲気《ふんいき》をつくって、夜中に売り出し、行列ができ……。

村上春樹守護霊　ああ、そういえば、そういうことをビル・ゲイツがやってましたねえ。

武田　ええ、あれに似たものを感じたのです。

村上春樹守護霊　まあ、マーケティングの研究をしているプロがいるんだろうと思いますね。

だから、あなたがたみたいに、「買わなくても中身が分かる」みたいな広告の仕方はしない。あなたがたの逆をやってるんですよ。

あなたがたは、買わなくても中身が分かるように、一生懸命《いっしょうけんめい》にやっている。買わないでも、みんな情報が取れちゃってるんでしょう？　内容の結論だけを一生懸命に発信するから、買わなくても内容が全部取れてしまう。

だけど、こちらは、買わないかぎり、まったく分からない。それは、〝ビニ本〟とほとんど一緒《いっしょ》の状態ではあるけども、そのへんの期待感を上手に盛り上げるのも、マーケティングなんですよね。

武田　あえて情報発信を抑《おさ》えて盛り上げるわけですか。

村上春樹守護霊　そうそうそう。期待感を盛り上げていく。

石川　それは、村上さんが構想されているのですか。あくまでも、村上さんは中身の担当で、出版社が構想しているのですか。

村上春樹守護霊　まあ、あなたがたがやるとしたら、「これが、大川隆法の最後の作品になります。著者はこれで絶筆にするとのことです」と、三カ月ぐらい前には言う。そして、題を出さずに、「最後の作品です。最後の作品が出ます」と言って、三カ月ぐらい注文を取り続けたら、できますよ。

武田　それは、村上さんが、次に考えている手ですか。

村上春樹守護霊　いやいや。マーケティングの手法について教えてるだけよ。こういうのは、欧米《おうべい》での売り方をいろいろ見ていたら、多少、アイデアとしてはある。「私自身がコミットしてる」というようなことは、あまりないですけどね。まあ、出版社が考えたんだと思います。

「〝肩《かた》すかし〟も技《わざ》のうち」と居直る村上氏守護霊

武田　また、タイトルが斬新《ざんしん》といいますか、「これは何だろう？」と思わせるようなものが、最近、特に多いように思います。このあたりは、どういうお考えでつくられているのですか。

村上春樹守護霊　いや、頑張《がんば》ってるのよ。やはり、本は、タイトルでほとんど決まっちゃうのよ。『色彩《しきさい》を持たない多崎《たさき》つくると、彼の巡礼《じゅんれい》の年』って、これだけを読んだら、いったい何なのか、意味不明じゃない。

武田　そうですね。

村上春樹守護霊　だから、その意味を知ろうと思って、買いたくなるじゃない。最後まで読まないと、よく分からないから、それがいい。『1Q84《いちきゅうはちよん》』だって、勘違《かんちが》いして買った人は、いっぱいいるはずですよ。ジョージ・オーウェルの『1984年』、つまり、「1984《いちきゅうはちよん》」があるでしょう？　当然、そういうものだと思って、買うじゃないですか。

それで、大川さんみたいな人に、「ええかげんにせえ」と怒《おこ》られるわけやけど。

武田　（笑）

村上春樹守護霊　まあ、ジョージ・オーウェルは、未来社会を書くことで全体主義への警告をやってたわけだし、私は、全体主義的なものを、宗教の姿として書いたから、ちょっとは関係がないわけではないけども、やはり、ジョージ・オーウェルを読んでいたために買ったような認識力の高い読者の場合は、「やられた！」と思うでしょう。

まあ、「肩《かた》すかし」も、相撲《すもう》の技《わざ》としては通用するわけです。題を見て買って、「違った！」「やられた！」と思うあたりが、私のファンのなかには、けっこう多いんですよ。

武田　（笑）そうなのですね。

村上春樹守護霊　「やられた！」「くそー、外したなあ」というマゾ感覚で、読者が増えるんですよ。

武田　なるほど。予想させて、それを裏切るわけですね。

村上春樹守護霊　だいたい、みんな題を見て当てようとするわけですよ。それで、「たぶん、こんな作品だろう」と思って開けてみたら、「違った！」と。

さっき言うとったが、『海辺のカフカ』も、「当然、カフカについて書いてるだろう。カフカ文学賞も取っているから」と思ったら、「全然違った。（主人公の）名前だった」という、このへんの「肩すかし」だね。
「日本人のカフカ少年が出てくるから、『やはり、カフカみたいになっていくのではないかな』と思って読んでいくんだけど、そうならない」という、こういう〝謎《なぞ》解き〟が入ってないものは、面白《おもしろ》くないですよね。

綾織　意外に、文学の中身そのものよりも、マーケティング的な発想が、かなりあるわけですね。

村上春樹守護霊　いや、アメリカとかで、いろいろ見ているからね。まあ、「競争の激しい社会で、どうやって生き残るか」を、やはり見てるからさあ。そのへんは、私も、非常に勉強してるわけよ。だから、普通《ふつう》の文学者とは違うのね。

日本産の文学者とは、ちょっと違っていて、考え方に国際性があるわけ。だから、国際レベルでのマーケティングができる作家だね。

まあ、読者の気持ちも、出版社の気持ちも、マスコミの気持ちも、日本人以外の外国人の気持ちも分かる。そういう、非常にグローバルな視点で、本を書いてるんですよね。

3 「小説の手法」について訊《き》く

『ノルウェイの森』で描いたのは「ノスタルジー」

石川　私も、アメリカにいたのですが、日本人の著者で、英語に翻訳《ほんやく》して売れているのは、村上春樹さんと大川総裁ぐらいでした。

他の日本人作家とは何が違《ちが》うのかと思い、村上先生の本を読ませていただいたのですが、確かに表現力が豊かで、読んでいると、ありありとビジュアライゼーションができてくるところがあります。虚構《きょこう》の世界を、手に取って分かるように表現されるところはすごいと思いました。

村上春樹守護霊　うーん。

石川　ちなみに、アメリカでは、エックハルト・トールという作家が流行《はや》っていますが、この人は、スピリチュアル世界のグルのような存在であり、この人の本を読むと、「人間には、ペインボディ（過去の感情的苦痛の集積体）がある」とか、「静《せい》寂《じゃく》のなかに、何かは分からないのだが、奥深《おくふか》い神秘の世界がある」とかいうようなことが書いてあります。

これについては、オプラ・ウィンフリーというアメリカの有名なテレビ司会者が、“Are《アー》 you《ユー》 ready《レディ》 to《トゥ》 be《ビー》 awakened《アウェイクンド》?”（「目覚めの用意はできているか？」）という言葉を用いてＰＲをしてもいました。

つまり、うまく非日常の世界に誘導《ゆうどう》して、何かは、はっきり分からないものの、「人間の深層意識にある実現できない欲望」や、「非日常に隠《かく》されている世界」等を描くことで、多くの人の共感が生まれるような……。

村上春樹守護霊　ああ、君、文学的才能があるわ。

石川　あっ、そうですか（笑）。

村上春樹守護霊　いや、今、君が言った言葉を文章に起こしていくと、私の小説みたいになってくるもんね。

石川　いやいやいや（苦笑）。

それはさておき、私も『ノルウェイの森』を読んだのですが、例えば、男性だったら、「女性にもてたい」という気持ちがあるわけです。

村上春樹守護霊　うーん。

石川　しかし、現実には、なかなか、それをストレートに表現できません。ところが、小説には、「主人公が、先輩《せんぱい》から、『こうやって女を誘《さそ》えばいいんだ』とアドバイスされるシーン」などが書いてあるので、それを読んだ男子大学生等のなかには、『えぐれた欲望』や『満たされない欲望』が違ったかたちで充足《じゅうそく》されていく」と言いますか、「心の傷が癒《いや》されていく」というような経験をされた読者も多いのではないかと思うのです。

村上春樹守護霊　うーん、あれは、テーマとしては、一つの「ノスタルジー」だと思うんだよな。やはり、読者にノスタルジーを感じさせるものだったのではないでしょうかね。一昔前の、学生運動全盛期のなかの暗い青春だよね。芥川《あくたがわ》賞のテーマとしては数多く使われているテーマではあるんだけど、そのあたりのことを書いているから、ある意味での普遍《ふへん》性はあるんだとは思う。

「地図を作る大川隆法」と「地図を切り刻む村上春樹」

村上春樹守護霊　まあ、大川隆法さんと私は、ベクトルが逆なのかもしれない。私は、この世のテーマを扱《あつか》いながら、ファジーな世界というか、不可思議で、よく分からない世界に誘《いざな》っていって、孤独《こどく》な海辺にポッツンと読者を放り出して帰ってくるから、「そのあと、どうやって帰ってきたらいいんだろう」と分からなくなる。結局、離《はな》れ小島まで連れていってポトンと置いてきて、「私は、いったいどこに来てるんだろう？　地図がない。コンパスがない。どうやって帰ったらいい？　どこで何をしているんだろう？」という戸惑《とまど》い感を与《あた》えて、自己発見の旅に導く。まあ、そういう手法を中心に取ってるわけよ。

逆に、大川隆法さんは、異次元の怪《あや》しげな世界の探究から始めて、この世の錯綜《さくそう》した、いろいろな考え方自体や人間模様を、よく切れる手術用のメスみたいなもので切っているような感じには見える。

一方、私は、ナイフで地図を切り刻んでいるような感じかな。
大川隆法さんは、「脱出口《だっしゅつぐち》はこちら」という案内を出している感じに、私には見えるね。地図をいっぱい製作しているような気がする。
いろいろな種類の人がいるけど、そのいろいろな人用に、つまり、千人の人が生きてたら、千人全員が出口が探せるように、数多くの地図をつくっては、大量に印刷して、いろいろな種類のものを出しているように見える。
私は、「地図のない島なり、国境なりに連れていって、ポツンと置いて帰ってくる」という手法だから、手法的には逆かな。

自分の「迷い」や「孤独感《こどくかん》」を読者と共有している?

綾織　そうすると、「人を迷わせるのが仕事」という感じになってしまいますね。

村上春樹守護霊　私も、ずっと、そういう状況《じょうきょう》にいるわけだから、しょうがないじゃないの。

綾織　つまり、そういう気持ちを、読者と共有していくわけですか。

村上春樹守護霊　まあ、宇宙論まで入ってくるとなると、私には、そんな大きなことは言えないし、宇宙論については書いていないけど、でも、大きく言えば、宇宙論まで入っているわけだよ。

「大きな宇宙のなかで、この地球という星が、どういう座標のなかにあって、こんななかに人間社会があって、そのなかの会社だとか、いろいろな職業のなかに、ポツンと自分がいる」というのを考えたときに、すごく不思議な感じがするじゃない？「宇宙のなかの自分」というふうに見たら、それは、単に、「孤独感《こどくかん》」だよね。

本当に、自分が存在していることさえ不思議だし、もし、ほかの宇宙に人類様《よう》の人がいたとしても、それは、まったく、ポツンと置いていかれてるような存在だ。

そういう、蟻《あり》の一匹《いっぴき》にしかすぎないような私たちの姿を書いてみせているところでもあるわけやから、文学的には、そんな大きく間違っているとは思ってないわな。

綾織　宗教との対比で考えますと、大きな宇宙のなかで孤独を感じたときに、宗教であれば、「神と出会う」ということがあるわけです。先ほど、「自己発見」という言葉を使われましたけれども、そういう孤独な状況に置かれて、発見するものとは、何なのでしょうか。あるいは、ご自身では、何を発見されたのでしょうか。

村上春樹守護霊　いや、神は発見できないなあ。探しても探しても、神を発見できずに、出てくるのは「DNAの連鎖《れんさ》」ばかりだ。どこまで探《さぐ》っても、人間が出てくる感じがする。

だけど、私は、「人間のDNAを探っていったら、何十万年か前のアフリカのある地域に、アダムとイブがいた」というような説を、ストレートには信じたくない感じがする。もっと長い間、人間社会自体はあったし、人間は、昔から大勢いたような気がするんだ。

まあ、宗教の世界は、ドグマというか、決めつけに満ちてるじゃない？　教条主義というか、教祖《きょうそ》ないし、教祖に降り立つと称《しょう》する神が説かれた教えを教条にして、「モーセの十戒《じっかい》」みたいに、「これを守れ！」と、パシーッと出してくるじゃない？「これを守れ！」と言われたら、それ以外の道がないよね。上にある絶対権威《けんい》から降りてきたら、もう、選びようがないんやけども、実際の人間は、いろいろな人生の諸問題にぶち当たっては、みんな、それぞれに十人十色《じゅうにんといろ》の対応をしていくわけよ。

だから、そのなかのダークサイドを見つめる人は、「犯罪もの」や「殺人事件」を一生懸命《いっしょうけんめい》に書き続けるし、それも人生の一面だとは思う。まあ、ハッピー・エンドばかりを書く人もいるかもしれないけど、この世的に言えば、「ダークサイドを書いたほうが売れる」ということはあると思うね。

質問者に〝弟子《でし》入り〟を勧《すす》める村上氏守護霊

石川　大川総裁のご著書で、夏目漱石《なつめそうせき》の『こころ』について感想を書かれているものがあります（『悟《さと》りの挑戦《ちょうせん》（上巻）』〔幸福の科学出版刊〕参照）。

村上春樹守護霊　ほおお？

石川　若いときに『こころ』を読み、「自殺した人は、純粋《じゅんすい》だったのだな」と非常に感動したそうです。

村上春樹守護霊　ああ……、感動。ああ、「先生」ねえ。あの乃木《のぎ》さんに……。

石川　小説のなかで、乃木将軍が殉死《じゅんし》したのを聞き、自分も死んだ方です。

ただ、大川総裁は、悟りを開かれたあと、この登場人物に心の問題があったことが見えるようになり、「昔のような感じでは読めなくなった」とおっしゃっていました。やはり、小説家は、悩《なや》みや苦しみで共感するところを書き出すのが……。

村上春樹守護霊　君、お勉強してるなあ。俺《おれ》の弟子《でし》に来ねえか？

石川　いえいえ（笑）。

村上春樹守護霊　ええ？　書いてみないか？　君の名前は知らんけど、『宗教を持たない何とかつくると、彼の改心の年』で出してやるからさあ。

石川　いえいえ（笑）。

「宗教に煩悩《ぼんのう》を消されたら書くことがなくなる」と主張

石川　今日のテーマには、「深層意識の解剖《かいぼう》」という副題が付いていまして……。

村上春樹守護霊　ああ、そうか。

石川　中身の善悪はともかく、村上さんの本がヒットしているのには秘訣《ひけつ》があると思うのですが……。

村上春樹守護霊　宗教は、いわゆる人間の苦しみっていうかさあ、煩悩《ぼんのう》を消すのが仕事なんだろうけど、文学にとっては、それを消されてしまったら書くことがなくなるわけよ。だから、煩悩は、永遠に姿形《すがたかたち》を変えつつ出てきてくれないとね。それで、悩みや苦しみが出てくるから、文学は食っていけるんであって、簡単に、「これで、もう治りますから」みたいな感じで、「正露丸《せいろがん》を三粒《つぶ》飲んでください。悩みは、全部解決です」みたいにやられたら、もう終わりになっちゃうのよ。例えば、「『南無妙法蓮華経《なむみょうほうれんげきょう》』を一回唱えてください。これで救われます」とか、「『南無阿弥陀仏《なむあみだぶつ》』で救われます」とか言われたら、終わっちゃうんですよね。つまり「エル・カンターレを信じてください」と言われたら、それで終わっちゃうんですよ。文学の世界は、それじゃあ、成り立たないのでね。

そういう意味では、文学は、宗教から見れば、まどろっこしいかもしらんし、あるいは、宗教の敵かもしれない。煩悩を拡大していく部分というか、気がついていない部分まで、掘《ほ》り下げていって、見せていくからさ。本当は悩んでもいない、ぼんやりしているだけの人に、「私は、実は、こんな悩みを持ってたんだ」みたいなことを掘り下げて、見せてしまうようなところがあるからね。外から見たら、単に植物が生えてるようにしか見えないものを掘ってみると、何て言うのかなあ、下にジャガイモみたいに、悩みの種がたくさんぶら下がってるのを見せてしまうようなところが、文学にはあるからさ。

「欧米型《おうべい》の大作家の境地」に達した自負がある

村上春樹守護霊　もう一つ、やっぱり、世界の名作っていうやつにも、「不可解さ」は、いつも、つきまとうじゃない？　つまり、名作と言われるやつでも、ロシア文学でも何でもそうだけど、一回読んで分かるのは、まず、ないじゃない？　ね？　何回読んだって分からないようなものになってるし、書いている時間もずいぶん長くかかっているのが多いじゃない？

日本の作家で、今、「三年に一作ぐらい書いて食べていける」なんて豪勢《ごうせい》なのは、まあ、私ぐらいしか、もういないかもしれない。これは欧米型《おうべい》だよね。欧米の大作家が、こういう感じでやっていて、三島由紀夫《みしまゆきお》も晩年、「こういうふうにやりたい」って言ってたんでさ。最後の『豊饒《ほうじょう》の海』かなんかを書いてるころには、「欧米の作家みたいに大作を書いて、三、四年は遊んで暮らし、じっくり仕込《しこ》みをして、また次の大作を書く」みたいな生活をしたかったらしいが、それほどは売れないので、やっぱり、小編を書き続けなきゃいけなくて、まあ、「残念でした」っていうことになったらしいけど、私は、ついに、その境地に達したわけよ。

だから、「いいところに行っている」と自分では思うんだよ。

「宗教の仮面」を暴《あば》けば面白《おもしろ》い文学になる？

村上春樹守護霊　それで、君の考えは、「ある程度、煩悩を超《こ》えたら、(『こころ』を)読めなくなる」っていうことだったけども、まあ、そうだね。
でも、私は、オウム関係の本なんかで、「『煩悩を超脱《ちょうだつ》している』と思いし者たち、すなわち、〝グル〟やその〝高弟《こうてい》〟など、『修行《しゅぎょう》をして煩悩を断《た》った』と思いし人たちが、実は、いちばん煩悩のなかで、もがき苦しんでいた」っていうのを書いたけど、やっぱり、「宗教は文学から逃《のが》れることはできない。文学の投網《とあみ》のなかに宗教も絡《から》まってしまった。文学の〝勝ち〟」っていうところを見せたかったんですよ。

石川　この前、ローマ教皇が交替《こうたい》しましたけれども……。

村上春樹守護霊　あれは文学が書けるよね？　あんなのは、もう煩悩の塊《かたまり》だよなあ。権力欲か？

石川　そうですね。確かに、宗教のなかで「尊い」と思われた人が、いろいろな欲望に負けていくことは、マスコミネタになりやすいです。

村上春樹守護霊　だから、「宗教の仮面」を暴《あば》けば、これもすぐ文学になるからさ。宗教には、ある意味で、人間の悪知恵《わるぢえ》と煩悩の塊みたいなところがあるから、これを一枚剝《は》げば大したもんで、もし、幸福の科学なんかを文学作品で書き切ることができたら、すっごく面白《おもしろ》いんじゃないかなあ。なんか、めくってみたら、裏にシロアリがたくさん出てくるような感じの、ものすごいのが出るんじゃない？　あなたがたは、シロアリの一匹一匹なのかもしれないけども。

石川　いえいえ。

「幼少時からのトラウマ」が書く衝動《しょうどう》を生んでいるのか

石川　ところで、村上さんは、「自分は病《や》んでいる人間だ」ということを書いておられます。

村上春樹守護霊　いや、「私が病んでいる」なんてことはないですよ。私は、病んでいる人たちを癒してるの。

石川　いやいや。ご自分で、そう言われているのですが。

村上春樹守護霊　え？　あ、そうか。

石川　河合隼雄《かわいはやお》さん（心理学者）と対談しているときに、「自分は病んでいる人間なんだ」と……。

村上春樹守護霊　まあ、それはそうだ。いやいや、それは、心理学者に対して、何ていうか、ちょっとリップサービスしてるわけよ。彼らは、それを分析《ぶんせき》して、気分よく生きてるつもりだから。

石川　ああ、そうですか（笑）。小説を書くことによって、その病んでいる部分は、ある程度、癒されていくものですか。

村上春樹守護霊　やっぱり、トラウマなり、悩みなり、コンプレックスなり、そういうものがないと、人には書く衝動《しょうどう》が生まれてこないからね。だから、私みたいに作家になる人もいれば、ジャーナリストや新聞記者になる人だっているけど、社会派・正義派で書いている人にも、実は屈折《くっせつ》したものがあって、その反対で理想論を書いている場合もあるし、みな、何か動機はある。

その動機は、親鸞《しんらん》じゃないけど、「氷多きに水多し」、すなわち、「煩悩の塊が大きければ大きいほど、溶《と》けたときの水の量も多い」というようなもので、そういう煩悩というか、苦しみや悩み、幼少時からのトラウマが大きければ大きいほど、たくさんの作品を書けるっていうことにはなるわなあ。

綾織　村上さんは、学生時代の喪失感《そうしつかん》や挫折感《ざせつかん》についてよく言われていますが、そのへんに、ご自身のトラウマの部分があるのでしょうか。

村上春樹守護霊　うーん、まあ（笑）……。

自分のことを語るのは、あまり小説家にとって有利なことではないんだけど、何だろうねえ。まあ、（トラウマが）ないわけじゃないけども、学生時代から喫茶店《きっさてん》まで開いちゃったりして、「真っ当な勉強なんかで上がっていこう」と思わなかった面は、あるかもしれないですね。早稲田《わせだ》の文学部には、だいたい、そんなのが多いんです。

綾織　ほおお。

「国語教師である両親の上流に立った」という認識

武田　ご家庭の影響《えいきょう》もあるのですか。

村上春樹守護霊　まあ、そうだね。両親が、堅《かた》い系統の職業ではあったからね。

武田　国語の教育者ですよね？

村上春樹守護霊　うーん。

武田　そのあたりで、反抗心《はんこうしん》があったのでしょうか。日本文学に関しては、あえて離れたとか。

村上春樹守護霊　両親は、国語の教師だったからねえ。まあ、国語の教師には、ある意味で、文学者を理想化している面はあるんだとは思う。つまり、文学者を人生の師匠《ししょう》みたいに見ている面があるわけで、文学者の小説なり作品の一部なりを取り出して、それを解釈《かいしゃく》して飯《めし》を食っている種族だよね。

だけど、彼らは、「そのもとなる文学が、実は、どういうものか」を見抜《みぬ》けるところまでは行ってないいんじゃないかと思うんですよね。文学者のワールドを解明する一助になるところぐらいまではやっているというか、「一つの畑を与えられて、一生懸命に耕している」とか、「石ころや木の根っこがたくさんあるような畑を耕している」とかいうのが、国語教師なんだろうけど、その荒《あ》れた畑をつくってみせるのが、文学者の仕事なのかなあ。だから、「文学者になることによって、ある意味で、両親の上流に立ったのかな」と思う。

これから来る国語教師たちは、私の文学を読んで、これを解明しなければならないわけだ。私、わりと「宝探し」に関心があるのよ。だから、「宝探し」をさせたい。人に「宝探し」をさせる面白みって、やっぱり、あるねえ。

「若い世代の煩悩《ぼんのう》」が分かるのは文学的才能？

綾織　村上さん本人へのインタビューなどでは、ご自身の心の傷がかなりあって、それに対して読者が共感している話が出てくるのですが、今のお話を伺《うかが》っていると、必ずしもそうではなく、「何が読者にいちばん受けるのか」というところから発想されているような気がします。

村上春樹守護霊　年が六十四だからねえ。作品に書いている、十代や二十代の心の傷みたいなものが、いまだにあるようでは、六十四歳《さい》としては若干恥《じゃっかんは》ずかしい。還暦《かんれき》を過ぎてるんだから、そんなのはありえないけども、「その時代にタイムトリップして書ける」っていうところが、文学的才能じゃないか。

だから、書けない人は、もう書けないよ。老境に入《い》れば、老後の仙人《せんにん》みたいな文章を書き始めるのが普通だけど、「若い世代の気持ちがいまだに書けて、その煩悩《ぼんのう》がいまだに分かる」っていうあたりが、一つの才能じゃないか。

世界で読まれる「英米文学者」と同じ土俵に立ちたい

綾織　先ほど、「読者の気持ちが分かり、業界の気持ちも分かり、海外の人の気持ちも分かる」とおっしゃいましたが、「心をつかむコツ」は、どういうところにあるのでしょうか。

村上春樹守護霊　そらあ、いろんな評判の作家のものを読めば、言葉は悪いけど、やっぱり、同業者としての、売文業者としての、ある程度の怨念《おんねん》もあれば、競争心もあるわね。だから、「英米文学の人たちの書いた本が世界で読まれる」っていうことには、悔《くや》しいところがあるよな。日本文学には、その枠《わく》が破れないところがあるからさ。やっぱり、「彼らと同じ土俵に立って戦ってみたい」っていう気持ちはあるよ。ま、そんな感じだ。

だから、俺は俺なりに、何て言うか、日本人のトラウマと戦っているんだよ。マラソンも好きだけど、そういう、「長距離《ちょうきょり》の苦難に耐《た》えて走り抜く」みたいなことに快感を覚えるところはあるんだよなあ。

4　村上春樹氏の「政治観」

「ネガティブこそ文学の原点」なのか

石川　今、日本国民には、どちらかというと、マゾっぽいところがありまして……。

村上春樹守護霊　うん、そうだなあ。

石川　これは第二次大戦のトラウマかもしれませんけれども、〝平和主義〟や〝謝罪外交〟のようなことをしています。このあたりも、村上春樹さんから見ると、屈《くっ》折《せつ》した感情があるように感じるのでしょうか。

村上春樹守護霊　そらあ、戦争で負けた体験による屈折はあるし、安保闘争《あんぽとうそう》とかでも、学生は「第二の敗戦」「第三の敗戦」を経験してるんじゃないかな。自分たちの政治的理想が実現しなかったことへの屈折した感じがある。そういう安保で、二つの「敗戦」経験があるけども、さらに、バブル崩壊《ほうかい》以後、第二と言うか、第三と言うか、第四と言うかは知らないが、大きな「敗戦」が来たし、最近では、国際情勢緊迫《きんぱく》下で、新たな「敗戦」の予兆が出てきている。

だから、文学の種は尽《つ》きないな。敗戦すれば文学が生まれる。

綾織　戦前の日本政府についても、かなり、ネガティブなことをおっしゃっていて……。

村上春樹守護霊　いや、ネガティブこそ文学の原点だよ。ポジティブな文学なんて、誰《だれ》も読んでくれないんだよ。

綾織　「日本という国家システムの怖《こわ》さ」というような表現で、批判されていたインタビューなどもありますが、これは、文学の種であって、ご自身の考えや信念などで、そのように思われているわけではないのですか。

村上春樹守護霊　やっぱり、最高の文学者っていうのはさあ、「強圧的な国家権力と、ペン一本で戦う」みたいなのが、何と言っても、いちばんかっこいいんじゃない？

その発言が世界に影響《えいきょう》を与《あた》えるトルストイやガンジーが目標

石川　イスラエルでの文学賞の授賞式で、「アラブの側に立つ」とも、「イスラエル側に立つ」とも言われずに、「壁《かべ》とそれにぶつかる卵があるなら、自分はぶつかる卵の側に立つ」と言われましたが、正義というよりも、「やられるほうに味方したい」という感じでしょうか。

村上春樹守護霊　それは、キリスト教の歴史で言えば、十字架《じゅうじか》に架かるイエス・キリストの立場だから、その意味では、キリスト教徒にも共感を得る言葉でもあるわけだ。要するに、イエスは、壁にぶつけられて壊《こわ》れる生卵のほうであったことは間《ま》違《ちが》いない。

だから、それは、「イエスの立場に立った」ということでもあるし、同時に返す刀《かたな》で、「クリスチャンたちが今、文明を誇《ほこ》っているが、遅《おく》れたアラブの諸国に『空爆《くうばく》するぞ』『おまえたちの原発開発を止めてやるぞ』みたいな感じの圧力をかけるなら、アラブのほうの立場に立つことはある」ということを言っている。まあ、普遍《ふへん》的な文学的立場からいくと、どちらにも立てる言葉ではあるけども、文学としては、「弱者の側に立つ」ということを、私は表明したわけだ。

そうした強圧的なるもの、暴力的なるもの、あるいは、軍隊みたいな人の命を無理やりに奪《うば》っていくようなものに、ペン一本と原稿《げんこう》で立ち向かうのが、文学者としての最高のあり方だとは思うね。

まあ、自分は、それほどの文学を書いてはいないけども、何かのときに、発言する文学者でありたい。そう、トルストイみたいな感じでね。あるいは、トルストイでもいいし、ガンジーでもいいけど、「文学の世界で生きながら、その発言が世界に影響《えいきょう》を与《あた》えるような者でありたい」とは思うんだがなあ。

「手探《てさぐ》りで生きることが人生の本質」という実存主義的価値観

石川　手塚治虫《てづかおさむ》さんが、『アドルフに告ぐ』という漫画《まんが》を描いていて、その最後に、ユダヤ人のアドルフと、ドイツ人のアドルフが殺し合うのですが、結局、「正義」というのは何なのか……。

村上春樹守護霊　君、物知りだねえ。作家にならないか。

石川　（苦笑）いえ、結構でございます。文学から見て、結局、正義という概念《がいねん》は成り立つのでしょうか。

村上春樹守護霊　それは、かなり硬派《こうは》になるからさ。正義という論点から切ると、文学っていうのは、すぐ終わってしまうね。種がすぐ尽きちゃうので、定点をあまり決めないほうが、楽は楽だ。

なかには、キリスト教文学者とか、定点が決まってる人がいるよね。「カトリックに定点を置いている」とか言って、一定のところに足場を置いて書く人がいるけれども、それ以外の視点で書けなくなることもある。だから、私は、あくまでも、「絶対的価値観に基《もと》づいて、全部、書く」というのは、そんなに好きでない。

まあ、「実存主義的」っていう言葉が出てるけども、やっぱり、「人間は、投げ出された存在で、『自分が何者で、どう生きるべきで、いったいどうなるのか』も、さっぱり分からないなかを手探《てさぐ》りで生きている」っていうのが、人生の本質なんじゃないかな。そう考えるから、いろんな作品が書けるんだ。

「村上春樹」は中国人・韓国人《かんこくじん》が日本を理解するための覗《のぞ》き窓？

綾織　文学としては、それでも成り立ちますし、それでよいと思いますが、一方で、村上さんの朝日新聞への寄稿文を読むと……。

村上春樹守護霊　うんうん。

綾織　当時は、中国のデモが盛《さか》んに行われ、ご自身のご著書も撤去《てっきょ》されたなかでの寄稿文でしたが、そのなかで、「尖閣《せんかく》問題について、中国に報復的な行動を取ってはいけない」など、右翼《うよく》的な言動に対し、かなり批判的なことをおっしゃっていました。文学の世界では、政治的な正しさが分からないこともあると思うのですが、村上さんが国際政治について発言されますと、影響が大きすぎるような印象を持ったのです。そのへんは、どうなのでしょうか。

村上春樹守護霊　やっぱり、君らは、そう誤解するんだろうけどね。私の本が、北《ペ》京《キン》の書店から撤去されたので、「売れなくなって、頭にきた」「損したので怒《おこ》った」というふうに、単純に考えてくれたのかもしれないけれども、私は、ちょっと別なんだ。

つまり、中国みたいに、非常に反日的・抗日《こうにち》的な国でさえ、文学のあたりで、かすかに窓が開《ひら》いたんだよ。その窓から、日本文学なるものを入れることで、中国の庶民《しょみん》は、日本的なるものを理解しようとしている。このかすかな覗《のぞ》き窓が、文学のところだけ、ちょっと開《あ》いている。「開いた」というよりは、「開けた」と言うべきだと思うね。努力して開けた。

だから、村上春樹なら、中国の人も、韓国《かんこく》の人も、台湾《たいわん》の人も、そういう政治的な意見の対立を超《こ》えて読んでくれる。小説家としては、ファンづくりであるのかもしれないし、そういう利己的な面もあるのかもしらんけれども、要するに、「村上春樹を読む」ということにおいて、彼らが共通認識を持って、日本というものをかすかに理解する。その交流の場を開けていることが大事なんじゃないか。つまり、「かすかに開《あ》いた交流の場まで閉めてしまうほどの『暴力 対 暴力』のぶつかりを演じてほしくないな」っていう願いかな。

それをやってしまったら、日本というものを、もっと理解できなくなり、もっと憎《にく》しみが増幅《ぞうふく》されて、「『日本』の『に』の字が付いただけで、もう嫌《いや》だ」っていうような中国人の感情とかが高まってくる。だから、「報復や攻撃《こうげき》的なことをして、向こうを怒らせずに、いろんな日本文化を少しずつ広めていって、長期的に理解されていくほうが、両者にとって幸福なんじゃないか」っていう考えなんだ。これは、絶対的な善かどうか、私には分からんけども、宗教から見ても分からないことはない立場なんじゃないかなと思うね。「自分の本が売れなくなる」っていう利害だけを言われたら、まあ、そこまでだけど……。

「ノーベル賞を取り損《そこ》ねて悔《くや》しい」という本音

石川　同じ文学者の大江健三郎《おおえけんざぶろう》さんは、かなり、左翼に悪用され、「反原発のスピーカー」のような感じでやらされているのですが、あそこまで、イデオロギー的に発信されるおつもりはないわけでしょうか。

村上春樹守護霊　まあ、「悪用されている」というよりは、そういう人なんじゃないでしょうかねえ。

石川　村上さんは、反原発や反戦などの立場に踏《ふ》み込《こ》まない感じなのでしょうか。

村上春樹守護霊　大江さんは、東大だけど、結局、東大左翼の流れのなかにあるんじゃないの？　だから、そういう反権力みたいなものを一部持っている。

それに、反権力的に書けば、平和論になりやすくてね。反権力の平和論みたいなのを説くと、ノーベル賞なんかの対象になりやすい。そういうふうに国際的には理解されるし、「権力を増幅させる暴力装置を巨大《きょだい》化させ、肥大化させる方向に応援《おうえん》を送ったら、ノーベル賞から遠ざかっていく」という関係にあるわけやから、大川隆法さんがノーベル平和賞をもらうことや、ノーベル文学賞をもらうことはありえないと私は思うね。

武田　総裁は、そのような考えをお持ちではありません。

村上春樹守護霊　そう？　もらいたいでしょう？

武田　村上さんは、そういう意味では、大江さんと同じではないのですか。

村上春樹守護霊　私も、ノーベル賞が欲《ほ》しいです。早く早く。

武田　欲しいですよね？

村上春樹守護霊　去年、取り損《そこ》ねたな。あれは悔《くや》しい。

武田　取り損ねましたか。

村上春樹守護霊　うん。それで、今年、もう一回、挑戦《ちょうせん》。

武田　そういう意味では、「反権力・反体制」というのは……。

村上春樹守護霊　それを維持《いじ》しとかないと（ノーベル賞を）もらえないですよね、基本的には。

日本は〝母国〟である中国に「お返し」をするべき？

武田　村上さんは、中国をどのように見ているのですか。

村上春樹守護霊　そりゃ、問題の多い国だとは思いますけれども、ただ、「現代だけで判断してはいけないんじゃないかな」っていう気はするんですよね。

まあ、歴史について、そんなに詳《くわ》しいわけじゃないけども、日中の交流は、少なくとも二千年を超えてあるだろうからして、二千年の歴史を検証するかぎりは、「日本が彼らに与えたもの」よりも、「中国から日本がもらったもの」のほうが、圧倒《あっとう》的に多いだろう。日本史の教科書を読むかぎりは、そういうふうに読めますよね。

「圧倒的にもらったものが多い」ということであれば、それだけの恩義があるわけだし、先の大戦で、中国に国土の荒廃《こうはい》や人心の荒廃を起こしたこと自体は事実なので、やっぱり、日本人として、彼らに何らかのお返しをしないといけない。もちろん、金銭的に円借款《えんしゃっかん》みたいなのをすることもあるのかもしらんけれども、「文学の世界で、彼らにお返しをすることだってできるんじゃないかな」と考えるわけよ。

武田　その「お返し」というのは、何を意味しているのでしょうか。

村上春樹守護霊　だから、「ただいま、尖閣を取りたいかどうか」っていうようなことだけでなくて、二千年の歴史を考えれば、中国からは、漢字や歴史物語、いろんな文化など、たくさんもらってきたのは事実だと思うんだよ。それがあって、日本的に、島国的に発展したものはあるかもしれないし、日本独自に発展したものもあるかもしれないけど、中国文化の影響の下《もと》に日本の歴史はあったわけだから、そういう意味で、もともと、あちらのほうが〝母国〟であることは事実なんじゃないかな。

綾織　それは、あくまでも、中国が「主」で、日本が「従」という考え方ですか。

村上春樹守護霊　そうなんじゃないの？　だって、（日本は）漢字文化圏《けん》のなかへ入っているんでしょう？

綾織　はい……。

村上春樹守護霊　だから、本場は向こうじゃない。漢字文化圏で、そういう漢字を崩《くず》して、一部、ひらがなやカタカナもつくったけど、私の文学だって、そりゃ、漢字を使わずにできるものじゃないよ。まあ、漢字文化圏っていう意味では、今の中国がいいかどうかは別として、向こうが先だ。

「日本人は嫌《きら》いだが、村上春樹は別だ」と思われたい

村上春樹守護霊　今の中国は、あまり好ましくないかたちかもしらんけども、西洋のほうに近づいていこうと努力していて、まずは経済的に西洋化している。あとは、文学の世界や思想の世界で、当局なんかの抑圧《よくあつ》があることは知っているけども、それを開かせていくのが、次の仕事じゃないの？

経済のほうは開かせてきたわけだから、次は政治的弾圧《だんあつ》をなくす。これは、戦前の日本だって一緒《いっしょ》ですよ。政治的に方向性が決まっている場合、それに反するものは書けなかった。それで、発禁処分や伏《ふ》せ字などがたくさんあったでしょう？　戦前の日本にだって、同じ状態があったから、今の中国にも、まだあるわけですよ。

これを破っていくのも、文学の仕事なんじゃないかな。こういう政治的弾圧をかけられないような、国民が愛する文学っていうか、中国人が愛する文学を広めていくことも大事。「日本は嫌《きら》いだけど、村上春樹は別だ。彼は、国際人であり、グロ

ーバル文化人であるから、別だ。彼を日本人という分野で見ちゃいけない」っていうような感じにつくれるといいなと思ってはいる。

綾織　そのように破っていくこと自体はよいことだと思うのですが、一方で、「東アジアに共通の文化圏がある」とおっしゃっているところには、中国が中心となり、日本が呑《の》み込まれていくような印象があるのですが。

村上春樹守護霊　いや、政治的なことを言っているつもりではないんだな。だけど、「オーストラリアまで含《ふく》めたアジア全体で、僕《ぼく》の本が売れていく」っていうことで、一つの文化圏ができているような感じがするわけよ。そういう意味で、幸福の科学や大川隆法さんなんかを刺激《しげき》するところもあるのかもしれないけど、僕は気が弱いからねえ。もともと気が弱いから、暴力的なものは、あまり好きでないし、殺しにくる宗教もあまり好きでないから、そんなに気にしないでよ（会場笑）。

文藝春秋《ぶんげいしゅんじゅう》を攻撃してもいいけど、僕には、攻撃しないでちょうだい。

朝日新聞の記事は「ノーベル文学賞を意識したもの」

武田　しかし、そう言われましても、あなたは、朝日新聞にいいように使われ、文化的な面から意見をするかたちで、「島の領有権をめぐる紛争《ふんそう》など、すべきではない」という主張を朝刊一面に載《の》せるかたちとなりました。

村上春樹守護霊　うーん……。

武田「この紛争自体が、いかに虚《むな》しいか」ということを述べられ……。

村上春樹守護霊　だって、人も住んでない所の取り合いだよ。実際に、人が住んでないんだからさ。「人も住んでないような、ちっぽけな島の取り合いで、これから、本当に戦争になって、何万、何十万の人が死ぬ」なんていうのは、ばかばかしい話じゃない？「島は、もうない」と思ったら、人が死ななくて済むのに、「ある」と思うがゆえに、そうなる。戦争したら、何万、何十万の人が死にますからね。それは虚しいことじゃない？

それと、時期的にも、ちょうど、ノーベル文学賞が出るかどうかの直前のころであったので、「これは大きいメッセージだ」と……。

石川　結果的に、中国人の作家が受賞しました。

村上春樹守護霊　そうなんだよ。「あっちに出すとは、ちょっとけしからん」と思ってはいるんですけど。

「暴力に対して、暴力で対するな」はテロにも通用するか

武田　まず一つ、お伝えしたいのは、村上さんは、「政治的なことを言っているつもりではない」とおっしゃいましたが、「政治的に扱《あつか》われている」という認識を持つべきだと思います。

村上春樹守護霊　うーん……。

武田　やはり、今、「公人」といいますか、それだけ、世の中に大きな影響を与える立場に立たれているわけです。そういった認識で、朝日新聞に記事を載せられたのかもしれませんが、軽々しく外交問題に関して意見を発表するのは、よろしくないと思います。

村上春樹守護霊　うーん……。だけど……。

武田　もう一つ、先ほど、「大江さんとは違う」とおっしゃっていましたが、今の村上さんのお考えは、まさに、大江さんの意見と同じであり、戦後の左翼による自虐《ぎゃく》史観に則《のっと》った考えだと思います（『大江健三郎に「脱《だつ》原発」の核心《かくしん》を問う』〔幸福の科学出版刊〕参照）。それが、日本にたいへんな害毒を流していると思うのですけれども、いかがですか。

村上春樹守護霊　いや。僕は、先日のボストンマラソンのテロ事件に対しても、一《いち》マラソンランナーとして言いたい。僕も、あそこは何回も走ってるし、投書をして載ったこともあるけどね。まあ、イスラムの過激派の思想が入っているのかどうかは知らないけども、ああいう、平和的に国籍《こくせき》を超えて、大勢の人が走っているところをテロで爆破したりしても、誰一人、幸福になるようなことはないわけであるので、そういうことはやめてほしいし、例えば、イスラム過激派なら過激派と犯人が分かったとしても、「また空爆をかける」とか、そういう報復の連鎖《れんさ》みたいなのはやめてほしい。そういう気持ちで言っているわけですよ。

それは、お釈迦《しゃか》様の考えと、極《きわ》めて近いじゃないですか。「暴力に対して、暴力で対するな」というのは、イエスも言っているし、お釈迦さんも言っているようなことだから、宗教的に見たって、全然間違っていない。君たちだって、ボストンのマラソンに、そんなテロを仕掛《しか》けた行為《こうい》は、少なくとも憎むだろう？　犯人が青年だったかもしれないけれども、まあ、犯人は憎まないかもしれないが、君たちだって、テロ行為自体は、きっと憎むだろうから、そんな大きな差があるとは、僕は思えないけどなあ。それに抗議すること自体が、全部左翼だとは、僕は思わないけど？

村上春樹の小説は北朝鮮《きたちょうせん》への「希望の絆《きずな》」？

武田　おっしゃることは分かりますし、私も、「テロ行為は決して許されるものではない」と思います。ただ、その考えは、少し単純すぎて、誰もが思うことです。やはり、テロの背景には、いろいろな文化や宗教、思想の違いがありますし、今は、二国間の争いでない場合もあります。そのテロ事件においても、真相はまだ解明されておりませんが、イスラム過激派や中国、場合によっては、北朝鮮《きたちょうせん》が絡《から》んでいる可能性も否定できません。

村上春樹守護霊　うーん。

武田　テロの背景には、国際的な複雑な問題があり、それに対して、単純に「テロはいけないのだ。争いはよくないのだ」と言ったところで解決がつかないのが、今の国際問題だと思うのです。そのあたりの認識については、どうでしょうか。

村上春樹守護霊　うーん……、そらあ、一文学者としての限界はあるとは思うんだけど、確かに、文学者でも、世界的に読まれるようになると、メッセージ性が生まれる。そのメッセージ性は、先ほどの仏陀《ぶっだ》やキリストと一緒にはならないかもしれないけども、そうした戦争行為や政治的な侵略《しんりゃく》行為などに対して、一種の歯止めになるようなメッセージになることもあるし、世界の人たちが共感してくるようなこともあるわけよね。

北朝鮮も、ミサイルをつくって、「核ミサイルを撃《う》ち込むかもしらん」みたいな脅《おど》しをやっているけども、僕なんかの目からは、すごく追い込まれてて、かわいそうに見えるわけよ。あそこまで、世界から憎まれ、追い込まれ、孤独《こどく》になって、「今、かつての日本みたいな状態になってるんだろうなあ」と思ったら、かつての日本みたいな最後にならないところで終わらせてやりたいよね。

そんなふうになるよりは、「村上春樹の小説が、北朝鮮でも読まれている」ということになれば、例えば、日本人も、「村上春樹が、北朝鮮でも読まれているのか。じゃあ、まだ話し合える余地があるんじゃないか」と思うだろう。そういうところに、希望の絆《きずな》を残したい気持ちはあるんだよな。

日本にテロが起こらないのは「平和憲法」のおかげ？

石川　日本では「反戦」と言わなくても、かなり反戦になっているので、村上さんからは、中国や北朝鮮に、そういうメッセージをより多く発信していただければと思います。また、アメリカは、オバマ大統領なので、そういうことを言わなくてもよいのではないですか。

村上春樹守護霊　だから、「私が、アメリカで文学者として認められている」っていうことは、日本にとっては、いいことなんじゃないかな。日本人をばかにしたり、あるいは、日米の関係が切れたりするのを防ぐ意味でも、「非常に活躍《かつやく》する日本人がアメリカにいる」っていうことは、とてもいいことだと私は思うね。

まあ、戦争が絡んでのことだろうけどさ。今、憲法九条改正の問題が政治的な課題で迫《せま》ってきているから、君らも影響を受けているんだろう。ただ、「改憲反対勢力は、左翼で悪」みたいな言い方もあるけど、あの平和憲法があるおかげで、海外であれだけテロ行為がいっぱいあっても、日本でテロがほとんど起きていないんだよ。やっぱり、そうは言っても、あの憲法で、「日本は戦争しない国だ」と思われているから、そういうテロなんかを仕掛けにくいところがあって、それで、みんな平和というか、安全を享受《きょうじゅ》しているところがあるんじゃないかね。

「文学の使命としては反戦文学が正しい」という見解

石川　ただ、この前のアルジェリアのテロでは、日本人から先に殺されていましたけれども……。

村上春樹守護霊　それは、アルジェリアだから、あったのかもしらんけどね。例えば、「九・一一」があったあとは、日本だってすごく警戒《けいかい》して、乗り物の警備とかが厳しくなった。新幹線でさえそうだったし、駅のホームからゴミ箱が撤去されたり、いろいろしたけど、その後、戻《もど》ってるじゃない？　だから、「爆弾なんか仕掛ける人は、日本には出てこない」っていう感じかな。まあ、そのへんのコンセンサスはあるわけで、今のアメリカ人の「どこでテロが起きるか分からない」っていうピリピリした感じから見れば、安全だ。

彼らは、それだけの攻撃を仕掛けて、世界各地で戦っているから、敵をたくさんつくっているのよね。だから、「敵から報復が、（戦争に）賛成でなかった人にまで行われ、その被害《ひがい》が及《およ》ぶ」っていうようなことが現実に起きているわね。そういうことをトータルで考えれば、平和主義っていうのは建前《たてまえ》なのかもしらんけども、掲《かか》げておくべきだし、僕は、「文学の使命としては、反戦文学が、基本的に正しいんじゃないかな」っていう気はするけどね。

5　日本が中国に占領《せんりょう》されることの是非《ぜひ》

「ノンポリのつもり」で政治的影響力《えいきょうりょく》を与《あた》えている現実

綾織　今のようなご発言は、文学としてはよいかもしれませんが、いろいろなインタビューで語られると、どうしても政治の問題として捉《とら》えられてしまいます。

特に、中国・北朝鮮《きたちょうせん》の問題において、実際に政治の世界で反戦を展開していった場合、「中国が日本に攻《せ》めてくる」という状況《じょうきょう》が想定されますので、あなたが想像されているものとは違《ちが》うものになります。

村上春樹守護霊　いや、「中国軍が街を占拠《せんきょ》しているなかでも、下宿で彼女を押《お》し倒《たお》してセックスしている」っていう世界を描くのが文学なんですよね。

綾織　では、中国に攻めてこられても、それはそれでよいと？

村上春樹守護霊　そう。「外で銃弾《じゅうだん》が飛び交《か》っているなか、『なんかバンバン音がしてるねえ』と言いながら、彼女とセックスする」という世界を書くのが文学で、時代を超越《ちょうえつ》してなきゃいけないんじゃないかなと思うんですね。

石川　次回作で、そういう世界を描いていただいたら、日本の国民は、どう反応するでしょうかね。

村上春樹守護霊　僕《ぼく》は、基本的にはノンポリのつもりでいるんだけどね。どっちかと言ったら、ノンポリのつもりではいるんですけど、やっぱり、ちょっとずつ、世界性を持ちつつあるのかな。そういう感じが出てきたのかなあ。

綾織　影響力《えいきょうりょく》が大きいので、ある程度、ご自身がしっかり判断できる範囲《はんい》で発言されるのがよろしいかと思います。

村上春樹守護霊　例えば、さっきの「卵の話」で言えば、私は別に「イスラエルの味方をする」とも、「イランやアラブのほうの味方をする」とも言っているわけではないんだけど、あれは、イスラエルで言ったので、招待者には、ちょっと失礼な言い方だったんだろうとは思うね。確か、イスラエルで受賞したから、「すぐ空爆《くうばく》するようなイスラエルっていう国は、あまり好きでない」と言ったのと同じだったんでないかなと思う。そういう意味で、戦争を止めようとしているわけだから、「一定の国際政治的な力も持ってきている」と言えば、持ってきているのかなあ。

「反国家主義的な活動家」に出やすいノーベル賞

石川　中国の覇権《はけん》主義に対しても、一定のメッセージを出していただけると、平等かもしれません。

村上春樹守護霊　まあ、中国も、古代から、中世、近代に至るまで、数多くの文学を生み出しているからね。現代だって、日本人は読まないだけで、中国文学もあることはあるわけで、私じゃなくて、向こうの人がノーベル賞を受賞したように、文学者もいることはいるけど、世界の人は、中国文学をなかなか理解しようとはしないと思うんだ。つまり、「誰《だれ》も中国文学を理解しないだろう」と思って、ノーベル文学賞が中国の方に出され、「お読みください」と世界に推薦《すいせん》したわけだよ。

ノーベル賞も、すごく政治的なものなんでねえ。何て言うのかなあ、国家主義的になっていくのを止めようとする傾向《けいこう》を持っているし、反国家主義的な活動をした人に出されやすいし、スーチーさんみたいに軟禁《なんきん》されたり、軍事政権に反対したりしている人に出されやすいので、ノーベル賞の基準が、基本的に反軍国主義、反軍事増強主義であることは間違いない。

石川　ダライ・ラマなども、そうですね。

村上春樹守護霊　そうそう。そうなんじゃないかなあ。

だから、難しいところだけど、政治だけでなくて、文学ができることも多少あるんじゃないかなと思うんですよ。何て言うの？　実存主義に戻《もど》るかもしれないけど、「人間としての実存のなかで出口を探す」っていう意味ではね。

安倍《あべ》首相を「ウルトラ右翼《うよく》」「第二次大戦の亡霊《ぼうれい》」と呼ぶ

石川　ただ、反戦主義が日本だけに広まり、その結果、日本が滅《ほろ》びてしまいますと、村上さんも困るのではないかと思いますので……。

村上春樹守護霊　だけど、そうかと言って、「安倍《あべ》さんが、すごい超国家主義者で、ものすごく日本を経済的に発展させて、中国の何倍もの軍事力に変え、向こうをメタメタにして、また占領する」とか、「爆弾を落とす」とかいうふうになるんやったら、私は、そう好きでないからねえ。

武田　「そうする」というように、安倍政権を見ているわけですか。

村上春樹守護霊　いちおう、中国の人は、そう思っているし……。

武田　村上さんは？

村上春樹守護霊　私も、そう思っていますよ。

武田　そう思っていますか。

村上春樹守護霊　それで、アメリカのほうは、村上春樹的立場を、日本に求めているんだと思うんですよ。

武田　例えば、自民党の憲法改正案や、これまでの安倍首相の発言などを、ご存じなのでしょうか。

村上春樹守護霊　まあ、最近は、日本にもよくいるので、分かっていますよ。アメリカに行っても、伝わってくるし……。

武田　今、おっしゃったようなことは、中国でも言われていますが、村上さんも、そう思っているのですか。

村上春樹守護霊　うーん、何を？

武田　ですから、安倍政権がウルトラ右翼《うよく》で、軍国主義の国にでも……。

村上春樹守護霊　そりゃあ、世界的コンセンサスなんじゃないの？　世界で、そう思われているよ。ウルトラ右翼だよ。

武田　いやいや。村上さんも、そう思っているのですか。

村上春樹守護霊　そうなんじゃないの？　なんか、それに間違いがあるの？

武田　要するに、「侵略《しんりゃく》的な行為《こうい》をするのではないか」と思っているわけですか。

村上春樹守護霊　彼は、軍事政権をつくりたいんじゃないの？　だから、亡霊《ぼうれい》なんじゃないの？　「第二次大戦の亡霊」だと思うよ。亡霊がよみがえってるんだ。君たちみたいな宗教的立場から言えば、あれは、「第二次大戦の司令官みたいな人が取り憑《つ》いとるに違いない」という言い方になるねえ。

全共闘《ぜんきょうとう》時代で止まっている村上氏の政治的認識

武田　確かに、一部のアメリカのメディアや、中国、韓国《かんこく》は、そのように言っていますけれども、日本人のあなたが、そういう認識の発言をしてはいけないと思いますし、それは不勉強きわまりないのではないでしょうか。

村上春樹守護霊　でも、日本人が日本人を批判することには、外国の日本への批判を抑止《よくし》する効果だってあるじゃないか。

最近、橋下《はしもと》市長が〝従軍慰安婦《じゅうぐんいあんふ》〟を肯定《こうてい》して、アメリカ軍に「風俗《ふうぞく》を使え」とか言ったことに、アメリカはカンカンになって怒《おこ》ってます。あの人には国際性がないから、カンカンになって怒ってるけど、まだ分かってないだろうと思うところはあるのよ。だから、「ああいうのは、私みたいな人が、本当はたしなめるべきなのかな」と思うたりもするんですけどねえ。

武田　橋下さんの、あの発言のなかには、確かに失言があったとは思います。ただ、安倍さんは、あなたが先ほどおっしゃったようなことは、発言していないと思いますが。

村上春樹守護霊　だって、（安倍氏の）おじいさんは岸信介《きしのぶすけ》で、第二次大戦の〝妖《よう》怪《かい》〟でしょう？　本来、A級戦犯《せんぱん》かなんかだった人が生き延びて、総理をしたんじゃないの？

綾織　やはり、全共闘《ぜんきょうとう》時代のところで、政治的な認識が止まってしまっていますね。

アメリカと中国とが牽制《けんせい》し合えば平和が続く？

村上春樹守護霊　まあ、「戦後の中国が怖《こわ》い」とか何とか言うけど、アメリカは、現実に、ベトナムの人をたくさん殺したし、イラクでも目茶苦茶《めちゃくちゃ》に殺している。イラクに関して言えば、確かに、ワールドトレードセンターの三千人が亡《な》くなったことに対しては非常に遺憾《いかん》だし、アメリカを愛してる人間としては「残念なことだ」と僕も思う。

その旅客機《りょかっき》の乗員は、もちろん、かわいそうだったと思うけども、突《つ》っ込《こ》んだ犯人たちも、みんな、死んでるわけだから、同害報復じゃないけど、「自分も死ぬ」

ということで、いちおう〝切腹《せっぷく》〟しているわけじゃない？　それにもかかわらず、アメリカは、イラクを攻撃《こうげき》して、おそらく、十万単位の人を殺していると思うのよ。三千人殺されたら、十万単位の人を殺し、国を解体して、大統領まで処刑《しょけい》している。結局は、そういうことをやっているわけだから、このアメリカは、どう見たって、〝巨大《きょだい》ジャイアン〟だよな。やっぱり、ちょっと問題はある。

「今、中国に、その可能性がある」と言うけども、別の目から見たら、かつてのソ連の代わりにアメリカを牽制《けんせい》する立場になるかもしれないから、うまいこと、バランス・オブ・パワーで牽制し合って平和が続くことだって、可能性としてはあるじゃない？　「戦争になる」っていう考えもあるけど、「共に相手を滅ぼせるかもしれない」と思ったら手を出せないので、戦争にならない。アメリカがバーッとやってしまいたいところが、国連で中国が「反対」と言ったら、それで戦争にならずに止《と》まるわけだ。

好戦的な「アメリカの正義」に対する疑問

石川　中国が健全な国だったらよいのですが、中国には言論の自由もないですし、いろいろな弾圧なども行っていますからね。アメリカのような民主主義国であればよいかもしれませんが、中国の場合は、やはり……。

村上春樹守護霊　アメリカは、民主主義国といっても、やっと銃の取り締《し》まりをやっているぐらいで、人を撃《う》ち殺すのが何ともない国ではあるし……。

石川　ただ、アメリカでは、さすがに天安門《てんあんもん》事件のようなことは起きません。

村上春樹守護霊　いやあ、天安門事件は軍部だけど、アメリカは、個人で人を殺せる国だからさ。まあ、ハリウッド映画なんかも、「世界的なものだ」と思うて、みんな、高く評価しているかもしれないし、僕だって認めないわけではない。けども、あの暴力シーンの数の多さを見たらねえ、「中国人が暴力的だ。好戦的だ」と言ったって、アメリカの好戦性はすごいですよ。ハリウッド映画を観《み》ていると、だんだん頭が洗脳されてきますよ。

石川　そうは言っても、アメリカにはブレーキがかかります。しかし、中国の場合、ブレーキがかからないと思います。

村上春樹守護霊　「アメリカの正義」が、本当に普遍《ふへん》的なものかどうかも分からないからね。それは、やはり、アメリカの正義であって、「世界の正義」であるかどうかは分からない。

石川　普遍的ではないかもしれませんが、「相対的に見て、どちらがよいか」という判断は、明らかにあるのではないでしょうか。

中国による日本占領《せんりょう》後も「名誉《めいよ》中国人」として生き残れる？

村上春樹守護霊　僕は、やっぱりねえ、「オオカミであるよりは、羊でありたい」と思うほうなんで……。

石川　ただ、ほかの人も巻き込まれますから。

村上春樹守護霊　うーん……。僕は、日本が占領《せんりょう》されて、銃弾が飛び交って、人がたくさん死んでても、そのなかで原稿《げんこう》を書き続けるような人間でありたいなあ。文学的な言い方かもしれないけど。

石川　犠牲《ぎせい》になる日本人に対して、同情の気持ちはないのですか。

村上春樹守護霊　「そういう時代に生まれた」ということの苦しみを、何か、日記にでも書き遺《のこ》しておくことだ。しかたがないよね。

石川　亡国《ぼうこく》に手を貸すことはまずいと思いますよ。ノンポリなら、政治的発言はやめておいたほうがよろしいのではないでしょうか。

村上春樹守護霊　亡国に手を貸すわけじゃないけど、「喫茶店《きっさてん》に行って、コーヒーを飲みながら小説を読むぐらいの自由は確保したい」とは思うがなあ。

石川　小説の内容に検閲《けんえつ》が入る可能性もあります。自由に書けなくなるかもしれませんよ。

村上春樹守護霊　中国に日本が占領されたとしても、ハルキ・ムラカミは、生き残るんじゃないかなあ。何となく、そんなふうに思うな。

石川　それでよろしいのですか。

村上春樹守護霊　特別待遇《たいぐう》で、ちゃんと、何て言うの？「名誉《めいよ》中国人」として生き残れるような気がするなあ。

日本が中国に占領《せんりょう》されたら「朝日」だけが残るだろう

武田　つまり、「日本国が、どうなるのか」ということには、あまりご関心がないと？

村上春樹守護霊　たぶん、中国は、私を利用しようとして、「『日本が、過去、いかに悪いことをしたか』ということを、文学として書け！」と言ってくるでしょうねえ。

武田　すでに言ってきていますか。

村上春樹守護霊　ああ。だから、書けるでしょうねえ。たぶん、私は書けると思う。

石川　それを拒否《きょひ》されましたか。

村上春樹守護霊　だから、「『アメリカは、いかに悪いことをしてきたか』みたいなことを書け！」と言ってくるけど、たぶん、書こうと思えば書けるでしょうな。

武田　書きますか。

村上春樹守護霊　書こうと思えば書ける。戦後のアメリカの、いや、戦前からかもしれないけど、アメリカのやってきた侵略行為を文学にしようとすればできなくはないし、中国の行為を正当化しようとすればできないことはないだろう。

朝日なんかも賢《かしこ》いと思うのよ。朝日も、中国に占領《せんりょう》されることは考えているかもしれないけど、占領されたら、朝日新聞一社だけ残って、ほかの新聞社はなくなるから、百パーセントシェアになる。つまり、「中国朝日新聞」になるわけなので、彼らは生き残れるんだよ。きっと、僕と同じことを考えているよ。

武田　要するに、あなたは、「自分さえよければいい」ということですよね？

村上春樹守護霊　いや。とりあえず生き延びれば、その間に、活字の隙間《すきま》に自分の思想をかすかに埋《う》め込んで、世界の人たちにＳＯＳを出し続けることはできるじゃないの？

武田　いやいや。それは……。

村上春樹守護霊　世界の人たちが、それを助けにこようとすることがありうるじゃない？

武田　それは妄想《もうそう》です。「その間に、多くの人が苦しみ、亡《な》くなるかもしれない」ということが、現実にあるわけです。そこまで考えないといけないのではありませんか。

まるで中国人のように語る村上氏守護霊

村上春樹守護霊　だけど、君たちが言うように、短絡《たんらく》的にはなれない。「北朝鮮の核《かく》開発はけしからんし、中国がたくさん大陸間弾道弾を持っているのもけしからん。だから、日本も、こちらから撃ち込んで、十万人も五十万人も百万人も殺せるような核兵器をつくれ」みたいな議論には、そんな単純に乗れないな、僕は。

綾織　撃ち込むわけではなく、「抑止をする」と言っているだけです。

村上春樹守護霊　だけど、過去は、抑止で止まらない国だろう?

この国は、火がつくと、性欲過剰《かじょう》の男みたいなもので、通りを歩いていても、女と見れば襲《おそ》いかかるようなところがあるからさあ。今はおとなしくなっているが、これは、幽閉《ゆうへい》されているからで……。

綾織　そのへんは、あなたの勉強不足であり、「戦前の日本がすべて悪」ということではないと思います。

村上春樹守護霊　〝軟禁〟状態だ。今、〝軟禁〟されているのよ。

武田　あなたは、まるで中国人のようですね。日本犯罪史観のような……。

村上春樹守護霊　いやあ、中国のマーケットは大きいよ。日本の十倍あるからね。

武田　大きいからといって、そちらに合わせていいのですか。

村上春樹守護霊　今、アメリカも、そう考えていると思うよ。

中国は、日本の十倍の人口だから、国力が上がって、アメリカと対等になり、それを抜《ぬ》くようなこともありえる。そのときに、中国人が、今の日本人並みの経済力を持つようなことがあったとしたら、そりゃあ、アメリカは、たぶん、日本なんか構ってられないと思う。中国だと思う。絶対、中国だと思う。

ウォーレン・バフェットが、娘《むすめ》を中国語と英語のバイリンガルにしようとしているぐらいですからね。ああいう、先が見える人がそう思うんだから、きっとそうだよ。

6　文学における「価値判断」の問題

「それぞれの時代の苦しみのなかで文学が生まれる」は本当か

綾織　今日のタイトルは、「村上春樹が売れる理由」なのですが、やはり、あなたご自身が、「いかに売れるか」「いかに生き残るか」ということを考えているようです。そこが中心的な関心なのですか。

村上春樹守護霊　売れる理由は、村上春樹の発信するものがグローバルであって、未来を先取りするようなものであるからだよな。うん。だから売れる。

綾織　その未来は、「不幸」である可能性が高いわけですよね。

村上春樹守護霊　いやあ、人間本来の姿だよ。「実存的生活に戻《もど》る」というだけだ。私たちは、君たちと違《ちが》って、煩悩《ぼんのう》が一瞬《いっしゅん》で消滅《しょうめつ》し、蒸発してしまうことを、必ずしも望んではいない。人間の苦しみは永遠に続くものだけど、「それぞれの時代時代に合わせた苦しみのなかで、文学が生まれる」と考えているわけよ。

作家に必要なのは「霊界体験《れいかいたいけん》」より「肉体労働」？

石川　少し、よろしいですか。

村上春樹守護霊　君は〝作家〟だからなあ。

石川　いえいえ。

大川総裁は、冒頭《ぼうとう》で、「カフカは、霊界《れいかい》のことを分かっていて、小説を書いた」

と言われていましたが、村上さんは、河合隼雄《かわいはやお》さんと対談したとき、「私は、夢をあまり見ない」というようなことを言われていました。大川総裁によりますと、「人間は、寝《ね》ているときに霊界へ還《かえ》り、霊界体験を積んでいる」とのことですが、村上さんは、そういう霊界などを信じられますか。それとも、否定されますか。

村上春樹守護霊　私はねえ、けっこう肉体派なのよ。だからさあ、「作家は肉体労働だ」と思ってるのよ。つまり、作家っていうのは、ブルーカラーなのよ。

石川　村上さんは、マラソンが好きですしね。

村上春樹守護霊　もう肩《かた》が凝《こ》るよ。ほんとに肩が凝る仕事だよ。これは、肉体労働なんですよ。ほんとに肉体労働だと思います。ジャーナリストも肉体労働だと思うけど、作家も肉体労働なんですよ。だから、肉体労働という意味では、人民に近いと思いますよ。まあ、昔の苦力《クーリー》だな。苦役《くえき》をやっているように思いますよ。そんな仕事ですよ。もう、辛気臭《しんきくさ》いな。
だから、私は、身柄《みがら》さえ保証してもらえば、別に、どんな政治体制でも構わないんですけどね。

地獄《じごく》文学のレッテルは「売れなくなるから困る」

綾織　作品のなかでは、「時空のゆがみ」が出てくるなど、霊界的なものが描かれているようにも思うのですが、そのへんは、ご自身で見られた世界なのですか。

村上春樹守護霊　（霊界に）ちょっとは関心を持っていて、それを材料としてチラチラ読んでないわけではないけども、やっぱり、価値判断はできない。よく分からない。
まあ、「霊界なるものが存在する可能性はある」と思ってはいるけども、それを

「この世とあの世」ということで、はっきりと肯定《こうてい》してしまい、「この世の生き方のどれが正義で、どれが悪だ」とか、「あの世では、これが天国で、これが地獄《じごく》だ」とか、そういう座標軸《じく》で整然と分けられたら、やっぱり、文学は生きていけない。

君らは、もうすでに「地獄文学」とか、いろんなものにレッテルを貼《は》り始めているじゃん。これだって、ある意味では、中国政府がやっているようなことと同じかもしれない。「これは地獄文学だ」と言って、すでに思想統制が始まってるわけだ。

例えば、「村上春樹は、地獄文学です。読めば地獄へ行きます」と言われたら、私の本は、たちまち売れなくなるじゃないか。困るじゃない。

洗脳されたら大変なことになるから、そういう色づけをしないで、いろんな色彩《しきさい》を持ってほしいんですよ。私は無色透明《とうめい》だけど、周りの人には色彩をたくさん持ってほしい。

善悪の価値判断を加えたら「まえがき」だけで終わる？

武田　それは、無色透明というか、村上さんが、「自分は価値判断ができない。善悪が分からない」とおっしゃっているのと同じですよ。

村上春樹守護霊　いや、（善悪が）分かったらねえ、本一冊なんて最後まで書けませんよ。まえがきで終わってしまいますよ。そうでしょ？

武田　ええ。

村上春樹守護霊　まえがきを書いて終わりますよ。「私たちは、五人のグループでした。こういう人たちがいました。その後、その人たちは、音信不通になりました。彼と彼はこんなことを知りました。こんな失敗をしました。こんなふうになりました。私は、孤独《こどく》に生きてきました。こうでした。ああでした。はい終わり（手を一回叩《たた》く）」っていうふうに、まえがきを二、三ページ書けば、だいたい、もう終わっちゃう。価値判断を加えたら、一冊書く必要はない。

価値判断を加えないから、延々と三年も書き続けられるわけだ。だから、「肉体労働だ」って言っている。価値判断ができたら、肉体労働は要《い》らないんですよ。マラソンするほどの体力は要らないので、すぐ終わっちゃいますよねえ。

「天使も悪魔《あくま》も〝定価の下《もと》の平等〟に生きている」と断言

武田　読者に与《あた》える影響《えいきょう》について考えたことがあるのでしょうか。

村上春樹守護霊　読者にはいろんな層がいるからね。あなたがたが言う、天使のような人から、悪魔《あくま》のような方までいらっしゃるわけだけど、天使から悪魔まで、買ってくれる人は平等なんですよ。つまり、〝定価の下《もと》の平等〟っていうのがあるんです。私の本を買ってくれる方は、みんな、〝定価の下の平等〟に生きています。人間は平等なんですよ。私の本を買うかぎり、平等なんですよ。悪魔が買おうが、天使が買おうが、平等は平等なんです。

例えば、「ゴッドファーザー」みたいなものを読んだり観《み》たりしても、「ああいう犯罪はいけない」と思って生きて、天国に還る方もいれば、犯罪に憧《あこが》れてヤクザやギャングになりたがり、地獄に行く人もいるだろうとは思う。だけど、文学自体は中立で、どちらにでもなるものなんですよ。

7 「拝金主義」を肯定《こうてい》する村上氏守護霊

「中国が怒《おこ》っているなら島ぐらいやれ」という主張

石川　すみません。あと一つ、イスラエルでは、「卵の側に立ちたい」と言われましたが、日本と中国の問題では、卵の側（日本）に立ってくれないのですか。それだと、あなたは嘘《うそ》つきになってしまいますけれども。

村上春樹守護霊　いや、もうすでに言ってるよ。だから、「島（尖閣《せんかく》諸島）ぐらいやれ」と言ってるじゃない。（朝日新聞の記事のコピーを手に取る）この朝日新聞での僕《ぼく》は、結局、そういうことでしょう？　しつこくコピーを残すもんじゃないよ。

石川　いえ、違《ちが》います。中国を批判しないのですか？

村上春樹守護霊　「中国を批判していない」ということは、「やれ」ということだよ。だから、「中国が怒《おこ》っとるんだったら、やれ」と、私は言っているわけよ。だって、人は住んでいないんだから。人が住んでいるのに「取る」と言うんだったら、それは侵略《しんりゃく》だけど、人が住んでいない、アホウドリが住んでるぐらいの島で、向こうが「取りたい」って言うなら、もう、やったらいいじゃない？

石川　それだと、ノンポリというよりも、やや拝金主義的といいますか……。

村上春樹守護霊　「沖縄《おきなわ》は琉球《りゅうきゅう》であって、清朝《しんちょう》時代は中国のものだった」と言うんだったら、あげたらいいじゃない？

沖縄は日本から独立したくて、あんなに暴《あば》れてるでしょう？　日本の総理が来たら、「オスプレイ反対！」「米軍基地反対！」と言ってデモをして、総理が逃《に》げ回らなきゃいけなくなっている。

だから、沖縄は、もう日本じゃないんだよ。独立を求めてるんだから。君らは、植民地解放を支持するんだったら、沖縄の独立を認めてやったらいいよ。沖縄が独立したら、すぐ、中国の下に入るからさ。

中国の一省になれば、「自分が〝日本自治省〟の文化大臣」

武田　あなたは日本解体論者《じゃ》ですね？

村上春樹守護霊　私は、日本解体論者じゃなくて、私のマーケットが広がるように考えているのであって（笑）……。

武田　「日本はどうでもよい」というスタンスですよね。

村上春樹守護霊　いや、そんなことはない。「中国の時代が来る」と見ているわけですよ。日本がどうでもいいんじゃなくて、中国の時代が来るから、どうせ、占領《せんりょう》は不可避《ふかひ》です。

武田　ああ、「不可避だ」と見ているわけですね。

村上春樹守護霊　「どうせ取られるなら、戦って人がたくさん死ぬよりは、平和的に吸収されたほうがいい」と言っているんです。

武田　「じたばたするな」ということですか。

村上春樹守護霊　うーん、そうそう。

武田　「吸収されたほうがよい」と？

村上春樹守護霊　中国の一省にしてもらえばいいんだ。そのときに、私が〝日本自治省〟の文化大臣になるから、なるべく日本語の使用を認めてもらえるように、「村上春樹が文学を書くときに、中国語では書けないから、日本語を使わせてくれ」と言って交渉《こうしょう》する。

「拝金主義」は中国・日本を貫《つらぬ》く〝永遠の真理〟か

石川　この内容が発刊されると、あなたの本が売れなくなるかもしれませんよ。

村上春樹守護霊　そんなことはないでしょう。

石川　今は、「憲法九条を改正したほうがよい」という人が増えてきていますから。

村上春樹守護霊　その迷妄《めいもう》は、解かなければいけないですね。

石川　ノンポリではなかったのですか？

村上春樹守護霊　そういうことを言ったら日本は消滅《しょうめつ》しますから、やっぱり、中国にあっさり負けたほうがいいんです。そうしたら、誰《だれ》も死ななくて、みんなが生きられますから。

そして、中国がアメリカのような超《ちょう》大国になったときには、日本もその恩恵《おんけい》に浴して、アメリカのカリフォルニア州みたいな感じで生き残れるし、私の文学も不滅《ふめつ》に遺《のこ》る。

綾織　文学の世界だけなら、単なる「地獄文学《じごく》」ということで済むのでしょうが、そのままいくと、本当に、地獄をつくる仕事をしてしまうことになりますよ。

村上春樹守護霊　「地獄をつくる」と言ったって、はっきり言えば、文藝春秋《ぶんげいしゅんじゅう》は、中国が嫌《きら》いで、攻撃《こうげき》したり、批判したりしているような会社ですよ。そういうところでも、私の文学を認めるわけだから、そこには普遍性《ふへん》があるんです。

文藝春秋なんか、絶対に中国が嫌いなはずですよ。だけど、そういう出版社でさえ、中国を批判している幸福の科学を批判し、中国を持ち上げるような私の本を出して、「それでも金は儲《もう》けたい」と（机を叩《たた》く）信じてるわけだから、「拝金主義」は、中国・日本を貫《つらぬ》く〝永遠の真理〟なんですよ。もう、万国共通なんです。

石川　真理はないのではなかったですか。

村上春樹守護霊　え？　え？　ええ？　な……。

石川　真理は存在しないのではなかったですか。

村上春樹守護霊　あ、そうか。ないんだっけ？　そんなこと言ったっけな。

まあ、とにかくだねえ、今、経済問題で世界が苦しんでいるんだから、とにかく私の本が売れればいいわけですよ。私の本が売れるようになれば、日本は豊かになるし、中国も豊かになる。中国も、日本から「金儲けの法」をもっと学ばなければいけないいんです。

武田　分かりました。

〝グローバル平和主義〟という言葉に隠《かく》された自虐《じぎゃく》史観

武田　村上さんの、そうした自虐《じぎゃく》史観、拝金主義は……。

村上春樹守護霊　いや、それは勘違《かんちが》い、勘違いだ。

武田　そうではないですか。

村上春樹守護霊　〝グローバル平和主義〟なんです。

武田　いえ、〝グローバル平和主義〟とは違います。それは、今、まさに中国が一兆円ぐらいかけて世界に発信している〝日本の犯罪史観〟ですよ。

それを、あなたは、ある意味、それに則《のっと》って〝グローバルな考え方〟と言っていますが、それは間違っています。

村上春樹守護霊　いや、中国の一割しか人口のない国が、偉《えら》そうに、中国を侵略しようとしたんですよ。やっぱり、この罪は懺悔《ざんげ》しなきゃいけません。

石川　かつて、イギリスは世界の半分ぐらいを制覇《せいは》しました。

村上春樹守護霊　うーん、それは、イギリスが偉いんだろうよ。知らないよ。それは知らないけど、英語圏《けん》は偉いんだろうよ。

表《おもて》に出ないのは「人にいろいろ言われるのが嫌《きら》いなだけ」

武田　今回、あなたの歴史認識が甘《あま》く、勉強不足であることがよく分かりました。ただ、あなたは、すでに大きな影響《えいきょう》を与《あた》える立場に立っていますから、発言にはお気をつけください。

村上春樹守護霊　いや、君らねえ、脅《おど》さないでよ。脅すと、私は、日本へ帰ってこれなくなって、もう、ずーっとアメリカから出てこないようになるから……。

綾織　脅しではなく、あなたが間違いを犯《おか》さないように言っているだけです。

村上春樹守護霊　文藝春秋でも、本が売れるんやったら、もう、何でもするから。そういうもんだ。だから、君らみたいに堅物《かたぶつ》ではいけないよ。

武田　あなたは、日本では、表《おもて》に出て意見されない方として有名ですが、やはり、それは自分の意見に自信がないからではないかと思うのですが、いかがですか。

村上春樹守護霊　自信がないんじゃなくて、シャイなだけなの。

武田　シャイなのですか。

村上春樹守護霊　単に、シャイなだけなのよ。

武田　では、ご自身の影響力を考えて、ご発言にはお気をつけいただきたいと思います。

村上春樹守護霊　私は、人にいろいろ言われるのが嫌《きら》いだから、出ないようにしているだけなんだけどねえ。

まあ、「いずれ、ノーベル賞を取ったら、出なきゃいけなくなるだろう」とは思っているけど、出ないうちは、いろんなことも書けるわけで、あんまり偉くなりすぎると、怪《あや》しいことが書けなくなるからね。

やっぱり、文学者は、いつも怪しくなきゃいけないのよ。怪しいところに潜《ひそ》んでないと自由なことが書けないから、「社会的地位」みたいな感じで偉くなってもいけないところがあるわけよ。

8　村上春樹氏の「過去世《かこぜ》」とは

中国で「歴史の記録係」のような仕事をしていた

綾織　村上春樹さんの守護霊ご自身は、過去、地上に生まれたときに、どういう仕事をされたのでしょうか。

村上春樹守護霊　うーん。中国で歴史を書いてた。

綾織　ああ。中国で。

村上春樹守護霊　なんか、竹簡《ちくかん》みたいなものに、どちらの側にも立たずに、公正中立に、王様が言ったことや、やったことを書く仕事だよ。そういう官職があったんだけど、中国は、歴史家に対して、すごく丁寧《ていねい》に扱《あつか》うんだ。「歴史を正しく遺《のこ》す」ということに関しては、中立で書いていいんですよ。だから、皇帝《こうてい》や王様でもクビにすることができないし、「自分の利害に反することを書いた」ということで、死刑《しけい》にしたりはできないんですよね。

そんな、記録みたいなのを書くような、まあ、歴史係みたいな仕事をしてたかな。

「戦争は文学のタネになるから面白《おもしろ》い」というのが本心

綾織　それは、ある意味では、価値判断が入るような仕事ですよね。

村上春樹守護霊　価値判断が入らないんじゃない？

綾織　入らないのですか。それは、「客観的に書く」ということですか。

村上春樹守護霊　客観的に、「こうなって、こうなって、こうなりました」というようなことを書いていたことはあるな。

だから、「中国は、いつも戦乱をやっているので、そんなに驚《おどろ》くことじゃない」と言っているんだよ。よくあることだし、戦争があったらあったで、それもまた文学のタネになるんだから、いいんじゃない？

綾織　「書くものがあればよい」と？

村上春樹守護霊　うん、面白《おもしろ》いんじゃない。「人間は、その状況下《じょうきょう》になったら、どうなるか」というのは、やっぱり一つのテーマだからさ。面白いじゃないか。「ある宗教が戦って敗れていく姿」なんて、ものすごく壮大《そうだい》な叙事詩《じょじし》が書けそうじゃないか。面白そうだな。頑張《がんば》れや。君たちは、頑張って戦って、敗れるといいよ。ルシファー（悪魔《あくま》）みたいに天上界《てんじょうかい》から撃《う》ち落とされて堕《お》ちていくさまを、私が克明《こくめい》に書いてやるからさ。それがいいなあ。

9　大川隆法へのライバル意識

「ノーベル賞作家」として歴史に名前を遺《のこ》すか

武田　今日は、村上さんの本心が、よく分かりました。

村上春樹守護霊　なぜ売れるか、分かった？

武田　ええ。ぜひ、国民のみなさまにお知らせして、今後とも、村上さんのファンであり続けるか、本を読み続けるか、各人で、ご判断いただきたいと思います。

村上春樹守護霊　少なくとも、大川さんの本を読むよりは、私の本を読むほうが長く楽しめることは間違《まちが》いない。最後まで読める。

大川さんの本は、まえがきを読んだら、あとは読まなくていいからね。あれは、新聞の広告を読めば、もう、それで読まなくていいようなものだろう？　私の本は、最後まで読まないと、全然分からない。

武田　要するに、答えがないわけですね？

村上春樹守護霊　そうです。それがいいんじゃない？　永遠のパズルで、ピラミッド、スフィンクスの謎《なぞ》みたいなものだよ。

武田「あなたの悩《なや》みの世界を、国民と共有している作品」ということですよね？

村上春樹守護霊　そうだねえ。「自分の悩みを、みんなも一緒《いっしょ》に悩んでほしい」ということですね。

武田　「一緒に悩んで、一つの仮想空間で、少し気分転換《てんかん》しましょう」という感じでしょうか。

村上春樹守護霊　だけど、歴史に名前が遺《のこ》るのは私で、大川隆法のほうは消えます。私は、ノーベル賞を取って名前が遺ります。

綾織　ノーベル賞を取ったからと言って、名前が遺るわけではないと思います。

村上春樹守護霊　いや、いちおう、まだ、（ノーベル賞を受賞した）日本人の数は少ないからね。

村上氏が「アメリカ好き」の理由

武田　最後に、もう一度申し上げますが、やはり、歴史観と現状認識を学び直した上で、ぜひ、日本という国を愛し、私たち国民と共に、未来の輝《かがや》ける日本を目指して、お力を発揮していただきたいと思います。

村上春樹守護霊　いや、日本という国は同質性が強すぎて、あまり面白《おもしろ》くないのよ。だから、私は、アメリカのほうが性《しょう》に合ってるね。

個人主義でしっかりしているし、金を儲《もう》ける自由や、政治家で出世する自由もあれば、あるいは、犯罪者になったり、麻薬《まやく》をやったり、人殺しをしたりといった、〝堕落《だらく》する自由〟など、いろいろな自由があって、「文学空間」として実に面白いからね。

「中国も、あんなふうになったらいいなあ」と思いますよ。

武田　ただ、先ほどは、好戦的なアメリカを批判されていましたから……。

村上春樹守護霊　あ、そうか。

武田　やはり、あなたの意見には、一貫性《いっかん》がありませんね。

村上春樹守護霊　いや。だから、私は、組織でもって何か意思決定され、強制的にやらされるのが嫌《きら》いなのであって、個人が自由意思でいろんなことをすること自体には反対じゃないよ。そのほうが文学としては面白いからね。

石川　それは、まさに中国ですよ。

村上春樹守護霊　あ、そうか。

武田　ええ。中国の味方をしたら矛盾《むじゅん》が生じますから、やめたほうがよいと思います。

村上春樹守護霊　いや。中国も、なかでは意外に自由かもしれないよ。

武田　いえいえ。違います。

村上春樹守護霊　今、インターネットの自由が出てきてる……。

石川　いいえ、政府に反対することは書けません。

武田　あなたが知らないだけですので、少し勉強していただきたいと思います。

村上春樹守護霊　うーん、まあ、それには、安定とか秩序《ちつじょ》とか、いろいろと別の理由もあるんだろう。

村上春樹と幸福の科学は「ウィン・ウィン」の関係？

村上春樹守護霊　まあ、少なくとも、『色彩《しきさい》を持たない多崎《たさき》つくると、彼の巡礼《じゅんれい》の年』だけで、三百万部や四百万部はいくと思うから、そうやって、文藝春秋《ぶんげいしゅんじゅう》の本を百万部以上売って、文藝春秋をたらふく儲けさせ、損害賠償《ばいしょう》を払《はら》えるようにしてやるよ。

あんたがたは、名誉毀損《めいよきそん》かなんかで、文藝春秋も訴《うった》えているんでしょう？　だから、私に対して感謝してくださいよ。金がなかったら払えないんだから。

石川　それは別問題です。

村上春樹守護霊　ええ？「文春《ぶんしゅん》は金がないらしいから、百万円にしておけ」と言われているやつを、私が何百万部も本を売って儲けているために、裁判所も、「今なら文春は払えるな」と思って、「一億円払え！」とか言うかもしれないじゃないですか。そしたら、お互《たが》い得するじゃん？　ウィン・ウィンですよ。

石川　いや、あなたみたいな人たちのためにも、われわれは国民の安全ということを訴えているので、私たちの努力にも、少しは感謝してほしいと思います。

村上春樹守護霊　いやあ、あなたがたは、きっと、私の読者に自分たちの宗教の本を売り込《こ》んでやろうと思って、私を呼んだんだろうけども、私がここに来たのは、あなたがたの信者に私の本を売り込むためですよ。

石川　いや。信者さんは、村上さんの本を買わないと思います。

村上春樹守護霊　お互いに、どっちが強いかの食い合いです。これ（霊言《れいげん》）をやる以上、私の作品を全部読んでから批判してもらわなきゃいけないので、あなたがたの信者は私の本を読まざるをえなくなる。それで、「ザ・リバティ」（幸福の科学出版刊）が、丁寧《ていねい》に、私の本を全冊紹介《しょうかい》してくれると思うけどね。世界一公平な雑誌だからさ。

綾織　結論が出ましたので、大丈夫《だいじょうぶ》です。ありがとうございます。

村上春樹守護霊　全冊出して、「この定価は幾《いく》ら」と、必ず載《の》せてくれるから。それで、みんなが買って読み始める。

石川　いいえ。せめて回し読みぐらいにします。

村上春樹守護霊　まあ、それでお互い、ウィン・ウィンじゃないですか。ウィン・ウィン、ウィン・ウィン。

だから、「私の読者も、あんたのほうに信者であげるから、おたくの信者も、うちの読者によこせ」ということでウィン・ウィンになる。お金は、文春とあなたがたの間を行ったり来たりするだけですから、いいじゃないですか。

「村上文学」で煩悩《ぼんのう》のままに苦しみながら自分なりの出口探し

武田　信者さんは、今回の霊言で村上さんの意見を知ることになりますし……。

村上春樹守護霊　「すっごく合理的な人だ」と思うだろうね。

武田　うーん……。それは、ちょっと、どうでしょうか。当会の信者さんは、大川総裁の教えを学んでいて、非常に認識が深いので……。

村上春樹守護霊　その〝洗脳〟も解かなきゃいけない。私の本を読めば、その〝洗脳〟が解けてくる。

武田　いや。残念ながら……。

村上春樹守護霊　大川さんの本を読み続けると、〝幸福の科学帝国《ていこく》〟が今の中国みたいになる可能性があるから、私の実存主義的文学を読んで、〝洗脳〟を解いていかなければいけない。

そうすれば、みんなが、「バラバラに迷っていいんだ。煩悩《ぼんのう》のままに苦しみながら、自分なりの出口を探せばいいんだ」という結論になってくるから、宗教の教条に縛《しば》られなくて済むんですよ。

だから、オウムみたいにならなくて済む。

綾織　それ自体が洗脳だと思います。

村上春樹守護霊　そうかなあ……。

武田　ええ。村上さんにも、大川総裁の教えをしっかりと学んでから、批判していただきたいと思います。今日は、このあたりで終わりたいと思います。

村上春樹守護霊　あ、そう？　まあ、お互い、売れるといいね。じゃあ……。

武田　はい。ありがとうございました。

10　何らかの影響《えいきょう》を受けることを期待

今回の霊言《れいげん》で「村上文学」に変化が出るか

大川隆法　こういう方でした。守護霊には、かなりはっきりと、極端《きょくたん》にものを言う傾向《けいこう》があるため、ご本人は、ここまでは言わないでしょう。あと、若干《じゃっかん》むきになった部分もあるかと思います。

私は、「『三年に一冊、本を書けばよい』というのはうらやましい」と思いますが、向こうには、私に対して、「一日に二冊も本を書くなんて、うらやましい」と思うところもあって、ややこしい関係です。おそらく、「そんなことがあってたまるか。何か、詐欺《さぎ》的手法でも使わないかぎり、そんなことは絶対にありえない」と考えているのだと思います。

今回、守護霊の意見を本にして出してあげることで、多少、何らかの影響《えいきょう》は受けるでしょう。

昨年、大江健三郎《おおえけんざぶろう》氏の守護霊インタビューの本を一冊出したときには（前掲《ぜんけい》『大江健三郎に「脱《だつ》原発」の核心《かくしん》を問う』参照）、やはり、かなりのダメージがあったようには感じます（笑）。

したがって、今回の霊言《れいげん》を出すことによって、今後、村上氏の文学が変化を得て、本当にフランツ・カフカの世界を垣間《かいま》見ることができるようになり、夢を見るようになるかもしれませんね。

夢を見たくないために、マラソンをして、クタクタにくたびれているのではないでしょうか。肉体的にくたびれたら、丸太ん棒のように寝《ね》てしまいますからね。夢を見て、霊界《れいかい》を垣間見ることで、霊界に絡《から》む文学世界が開《ひら》けるかもしれませんよ。

まあ、何らかの意味を持てばよいと思います。

「金儲《かねもう》け」がマスコミの正義なら宗教には勝てない

大川隆法　私の予想では、このままいくと、おそらく、この人が大江氏の跡継《あとつ》ぎのような感じになって、憲法改正のときに左翼《さよく》的平和論を言ってくるでしょう。私は、今、そのように読んでいるわけで、その抑止《よくし》のために、今回、このような霊言を行ったのです。

また、そうなることは、文藝春秋《ぶんげいしゅんじゅう》の本来の意向にも合わないのではないかと思いますが、おそらく、「儲《もう》かるためだったら、作家の自由を認める」という感じになっているのでしょう。

「そのへんがマスコミの正義であるなら、やはり、マスコミは宗教には勝てません」ということを言っておきたいですね。

では、以上にしましょう。ありがとうございました。

武田　ありがとうございました。

あとがき

僕は三十五歳で、その時、まだＪＡＬのシートに座っていた。窓の下には「ソ連」の大地が広がっていた。革命が起きて、帰途には「ロシア」と国名が変わろうとは思ってもいなかった。

日本では大手出版社の講談社と「幸福の科学」とのフライデー戦争が始まっていたのを僕はまだ知らなかった。初めての東京ドームでの「御生誕祭」も終わって、めずらしく三週間のヨーロッパへの旅に出ていたのだ。

そう、十五年の歳月が過ぎて僕は宗教家になっていた。スチュワーデスで僕を知らない人はいなかった。参議院議員が時折、通路を往き来して、僕に名刺を差し出すかどうか迷っていた。

僕は村上春樹の『ノルウェイの森』を読み終えて、ぶ厚い雲をジャンボ機が降下していくのを眺めていた。フランクフルトだ。ドイツ語はまだしゃべれるだろうか。スチュワーデスがまたウィンクをして着陸を知らせた。宗教法人を設立して一年目の夏が過ぎていった。

二〇一三年　五月二十九日

幸福《こうふく》の科学《かがく》グループ創始者兼総裁《そうししゃけんそうさい》　大川隆法《おおかわりゅうほう》

『村上春樹が売れる理由』大川隆法著作関連書籍

『悟りの挑戦（上巻）』（幸福の科学出版刊）

『天才作家 三島由紀夫の描く死後の世界』（同右）

『大江健三郎に「脱原発」の核心を問う』（同右）

『バーチャル本音対決

——TV朝日・古舘伊知郎守護霊 vs. 幸福実現党党首・矢内筆勝——』（幸福実現党刊）

村上春樹《むらかみはるき》が売《う》れる理由《りゆう》 ――深層意識の解剖――

2013年6月6日　初版第1刷

著　者　　大《おお》　川《かわ》　隆《りゅう》　法《ほう》

発行所　　幸福の科学出版株式会社

〒107-0052 東京都港区赤坂2丁目10番14号
TEL(03)5573-7700
http://www.irhpress.co.jp/

印刷・製本　株式会社 東京研文社

落丁・乱丁本はおとりかえいたします

ISBN978-4-86395-340-6 C0095

大川隆法霊言シリーズ・文豪の霊言

トルストイ
——人生に贈る言葉

トルストイに平和主義の真意を訊く。平和主義が、共産主義に取り込まれたロシア（旧ソ連）の悲劇から、日本の反原発運動の危険性が明らかに。

1,400円

天才作家
三島由紀夫の描く
死後の世界

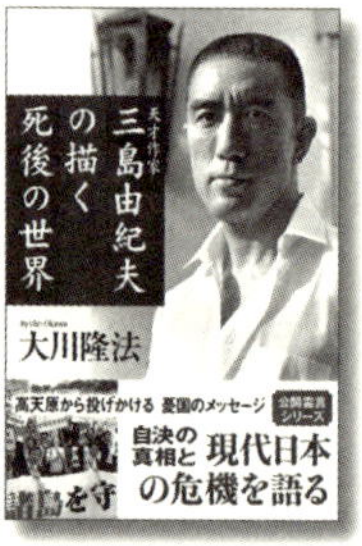

あの壮絶な死から約40年——。自決の真相、死後の行き先、国家存亡の危機に瀕する現代日本に何を思うのか。ついに明かされる三島由紀夫の本心。

1,400円

芥川龍之介が語る
「文藝春秋」論評

菊池寛の友人で、数多くの名作を遺した芥川龍之介からのメッセージ。菊池寛の死後の様子や「文藝春秋」の実態が明かされる。

1,300円

司馬遼太郎なら、
この国の未来を
どう見るか

現代日本に求められる人材とは。"維新の志士"は今、どう戦うべきか——。国民的作家・司馬遼太郎が日本人へ檄を飛ばす！

1,300円

※表示価格は本体価格（税別）です。

大川隆法霊言シリーズ・作家の本音を探る

大江健三郎に「脱原発」の核心を問う

守護霊インタビュー

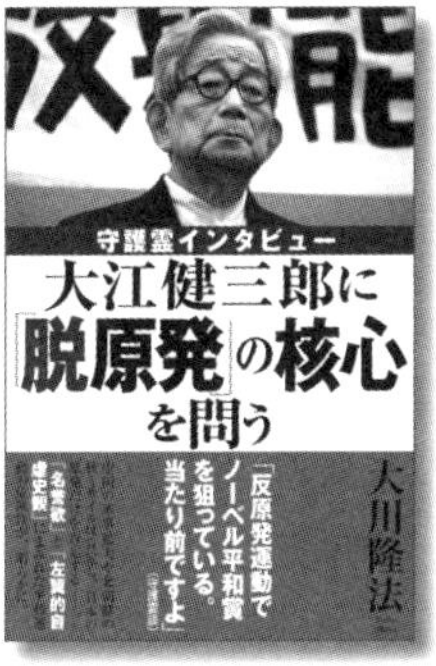

左翼思想と自虐史観に染まった自称「平和運動家」の矛盾が明らかに！ 大江氏の反日主義の思想の実態が明らかになる。

1,400円

「文春」に未来はあるのか

創業者・菊池 寛の霊言

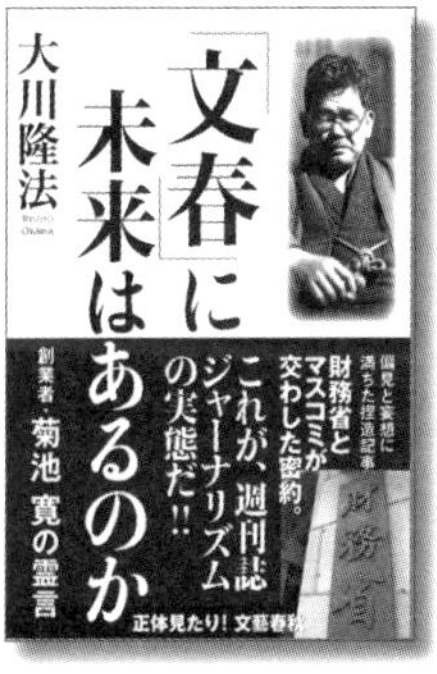

正体見たり！ 文藝春秋。偏見と妄想に満ちた週刊誌ジャーナリズムによる捏造記事の実態と、それを背後から操る財務省の目論見を暴く。

1,400円

地獄の条件
── 松本清張・霊界の深層海流

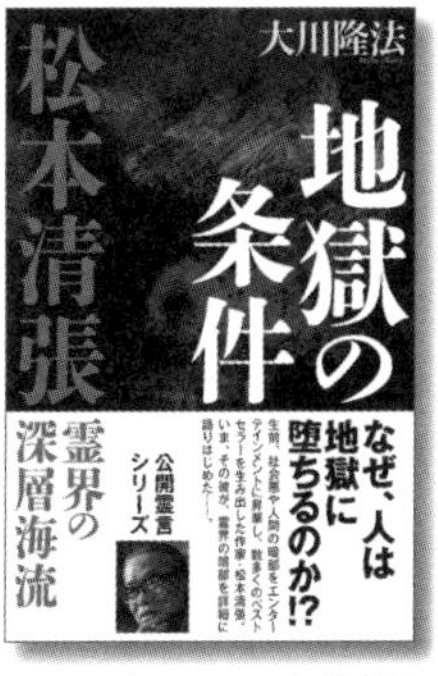

社会悪を追及していた作家が、なぜ地獄に堕ちたのか？ 戦後日本のマスコミを蝕む地獄思想の源流の一つが明らかになる。

1,400円

スピリチュアル政治学要論

佐藤誠三郎・元東大政治学教授の霊界指南

憲法九条改正に議論の余地はない。生前、中曽根内閣のブレーンをつとめた佐藤元東大教授が、危機的状況にある現代日本政治にメッセージ。

1,400円

憲法改正への異次元発想

憲法学者NOW・芦部信喜 元東大教授の霊言

憲法九条改正、天皇制、政教分離、そして靖国問題……。参院選最大の争点「憲法改正」について、憲法学の権威が、天上界から現在の見解を語る。

【幸福実現党刊】

1,400円

北条時宗の霊言

新・元寇にどう立ち向かうか

中国の領空・領海侵犯、北朝鮮の核ミサイル……。鎌倉時代、日本を国防の危機から守った北条時宗が、「平成の元寇」の撃退法を指南する!

【幸福実現党刊】

1,400円

大川隆法霊言シリーズ・北朝鮮情勢を読む

守護霊インタビュー 金正恩の本心直撃!

ミサイルの発射の時期から、日米中韓への軍事戦略、中国人民解放軍との関係——。北朝鮮指導者の狙いがついに明らかになる。
【幸福実現党刊】

1,400円

長谷川慶太郎の守護霊メッセージ
緊迫する北朝鮮情勢を読む

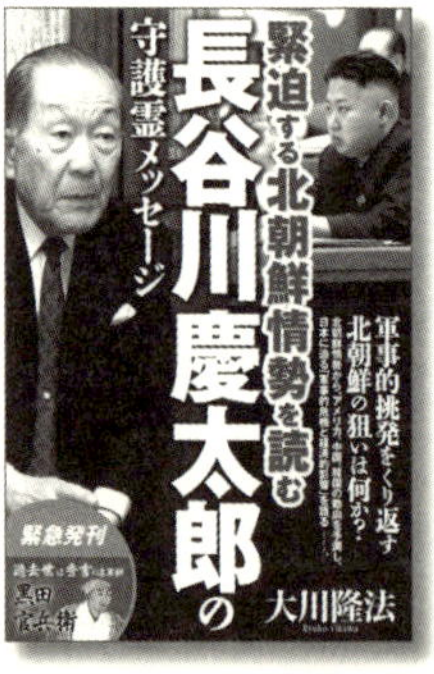

軍事評論家・長谷川氏の守護霊が、無謀な挑発を繰り返す金正恩の胸の内を探ると同時に、アメリカ・中国・韓国・日本の動きを予測する。

1,300円

北朝鮮の未来透視に挑戦する
エドガー・ケイシー リーディング

「第2次朝鮮戦争」勃発か!? 核保有国となった北朝鮮と、その挑発に乗った韓国が激突。地獄に堕ちた"建国の父"金日成の霊言も同時収録。

1,400円

※表示価格は本体価格(税別)です。

大川隆法霊言シリーズ・中国の今後を占う

中国と習近平に未来はあるか

反日デモの謎を解く

「反日デモ」も、「反原発・沖縄基地問題」も中国が仕組んだ日本占領への布石だった。緊迫する日中関係の未来を習近平氏守護霊に問う。

【幸福実現党刊】

1,400円

周恩来の予言

新中華帝国の隠れたる神

北朝鮮のミサイル問題の背後には、中国の思惑があった！ 現代中国を霊界から指導する周恩来が語った、戦慄の世界覇権戦略とは!?

1,400円

小室直樹の大予言

2015年 中華帝国の崩壊

世界征服か？ 内部崩壊か？ 孤高の国際政治学者・小室直樹が、習近平氏の国家戦略と中国の矛盾を分析。日本に国防の秘策を授ける。

1,400円

大川隆法霊言シリーズ・日本復活への提言

渡部昇一流・潜在意識成功法

「どうしたら英語ができるようになるのか」とともに

英語学の大家にして希代の評論家・渡部昇一氏の守護霊が語った「人生成功」と「英語上達」のポイント。「知的自己実現」の真髄がここにある。

1,600円

竹村健一・逆転の成功術

元祖『電波怪獣』の本心独走

人気をつかむ方法から、今後の国際情勢の読み方まで――。テレビ全盛時代を駆け抜けた評論家・竹村健一氏の守護霊に訊く。

1,400円

幸福実現党に申し上げる

谷沢永一の霊言

保守回帰の原動力となった幸福実現党の正論の意義を、評論家・谷沢永一氏が天上界から痛快に語る。驚愕の過去世も明らかに。 【幸福実現党刊】

1,400円

日下公人のスピリチュアル・メッセージ

現代のフランシス・ベーコンの知恵

「知は力なり」――。保守派の評論家・日下公人氏の守護霊が、いま、日本が抱える難問を鋭く分析し、日本再生の秘訣を語る。

1,400円

※表示価格は本体価格(税別)です。

大川隆法ベストセラーズ・希望の未来を切り拓く

未来の法

新たなる地球世紀へ

暗い世相に負けるな！ 悲観的な自己像に縛られるな！ 心に眠る無限のパワーに目覚めよ！ 人類の未来を拓く鍵は、一人ひとりの心のなかにある。

2,000円

Power to the Future

未来に力を

英語説法集
日本語訳付き

予断を許さない日本の国防危機。混迷を極める世界情勢の行方――。ワールド・ティーチャーが英語で語った、この国と世界の進むべき道とは。

1,400円

されど光はここにある

天災と人災を超えて

被災地・東北で説かれた説法を収録。東日本大震災が日本に遺した教訓とは。悲劇を乗り越え、希望の未来を創りだす方法が綴られる。

1,600円

幸福の科学グループのご案内

宗教、教育、政治、出版などの活動を通じて、地球的ユートピアの実現を目指しています。

宗教法人　幸福の科学

一九八六年に立宗。一九九一年に宗教法人格を取得。信仰の対象は、地球系霊団の最高大霊、主エル・カンターレ。世界百カ国以上の国々に信者を持ち、全人類救済という尊い使命のもと、信者は、「愛」と「悟り」と「ユートピア建設」の教えの実践、伝道に励んでいます。

（二〇一三年五月現在）

愛

幸福の科学の「愛」とは、与える愛です。これは、仏教の慈悲《じひ》や布施《ふせ》の精神と同じことです。信者は、仏法真理をお伝えすることを通して、多くの方に幸福な人生を送っていただくための活動に励んでいます。

悟り

「悟り」とは、自らが仏の子であることを知るということです。教学《きょうがく》や精神統一によって心を磨き、智慧《ちえ》を得て悩みを解決すると共に、天使・菩薩《ぼさつ》の境地を目指し、より多くの人を救える力を身につけていきます。

ユートピア建設

私たち人間は、地上に理想世界を建設するという尊い使命を持って生まれてきています。社会の悪を押しとどめ、善を推し進めるために、信者はさまざまな活動に積極的に参加しています。

国内外の世界で貧困や災害、心の病で苦しんでいる人々に対しては、現地メンバーや支援団体と連携して、物心両面にわたり、あらゆる手段で手を差し伸べています。

年間約３万人の自殺者を減らすため、全国各地で街頭キャンペーンを展開しています。

公式サイト www.withyou-hs.net

ヘレン・ケラーを理想として活動する、ハンディキャップを持つ方とボランティアの会です。視聴覚障害者、肢体不自由な方々に仏法真理を学んでいただくための、さまざまなサポートをしています。

公式サイト www.helen-hs.net

INFORMATION

お近くの精舎・支部・拠点など、お問い合わせは、こちらまで！

幸福の科学サービスセンター

TEL. 03-5793-1727（受付時間 火～金：10～20時／土・日：10～18時）

宗教法人 幸福の科学 公式サイト happy-science.jp

教育

学校法人 幸福の科学学園

学校法人 幸福の科学学園は、幸福の科学の教育理念のもとにつくられた教育機関です。人間にとって最も大切な宗教教育の導入を通じて精神性を高めながら、ユートピア建設に貢献する人材輩出を目指しています。

幸福の科学学園

中学校・高等学校（那須本校）

2010年4月開校・栃木県那須郡（男女共学・全寮制）

TEL **0287-75-7777**

公式サイト **happy-science.ac.jp**

関西中学校・高等学校（関西校）

2013年4月開校・滋賀県大津市（男女共学・寮及び通学）

TEL **077-573-7774**

公式サイト **kansai.happy-science.ac.jp**

幸福の科学大学（仮称・設置認可申請予定）

2015年開学予定

TEL **03-6277-7248**（幸福の科学 大学準備室）

公式サイト **university.happy-science.jp**

仏法真理塾「サクセスNo.1」

小・中・高校生が、信仰教育を基礎にしながら、「勉強も『心の修行』」と考えて学んでいます。

TEL **03-5750-0747**（東京本校）

不登校児支援スクール「ネバー・マインド」

心の面からのアプローチを重視して、不登校の子供たちを支援しています。

また、障害児支援の「**ユー・アー・エンゼル!**」運動も行っています。

TEL **03-5750-1741**

エンゼルプランV

幼少時からの心の教育を大切にして、信仰をベースにした幼児教育を行っています。

TEL **03-5750-0757**

NPO 活動支援

学校からのいじめ追放を目指し、さまざまな社会提言をしています。また、各地でのシンポジウムや学校への啓発ポスター掲示等に取り組むNPO「いじめから子供を守ろう！ネットワーク」を支援しています。

公式サイト **mamoro.org**

相談窓口 **TEL.03-5719-2170**

ブログ **mamoro.blog86.fc2.com**

政治

幸福実現党

内《ない》憂《ゆう》外《がい》患《かん》の国難に立ち向かうべく、二〇〇九年五月に幸福実現党を立党しました。創立者である大川隆法党総裁の精神的指導のもと、宗教だけでは解決できない問題に取り組み、幸福を具体化するための力になっています。

党員の機関紙
「幸福実現NEWS」

TEL 03-6441-0754
公式サイト hr-party.jp

出版メディア事業

幸福の科学出版

大川隆法総裁の仏法真理の書を中心に、ビジネス、自己啓発、小説など、さまざまなジャンルの書籍・雑誌を出版しています。他にも、映画事業、文学・学術発展のための振興事業、テレビ・ラジオ番組の提供など、幸福の科学文化を広げる事業を行っています。

TEL 03-5573-7700
公式サイト irhpress.co.jp

入会のご案内

あなたも、幸福の科学に集い、
ほんとうの幸福を
見つけてみませんか？

幸福の科学では、大川隆法総裁が説く仏法真理をもとに、
「どうすれば幸福になれるのか、また、
他の人を幸福にできるのか」を学び、実践しています。

入会

大川隆法総裁の教えを信じ、学ぼうとする方なら、どなたでも入会できます。入会された方には、『入会版「正心法語」』が授与されます。（入会の奉納は1,000円目安です）

ネットでも**入会**できます。詳しくは、下記URLへ。
happy-science.jp/joinus

三帰《さんき》誓願《せいがん》

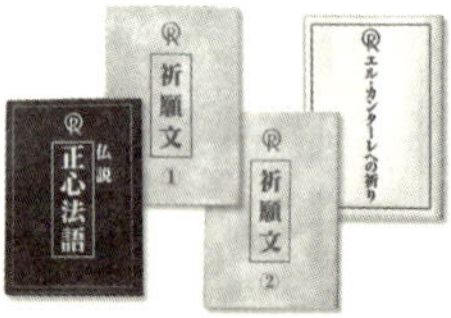

仏弟子としてさらに信仰を深めたい方は、仏・法・僧の三宝への帰依を誓う「三帰誓願式」を受けることができます。三帰誓願者には、『仏説・正心法語』『祈願文①』『祈願文②』『エル・カンターレへの祈り』が授与されます。

植福《しょくふく》の会

植福は、ユートピア建設のために、自分の富を差し出す尊い布施の行為です。布施の機会として、毎月1口1,000円からお申込みいただける、「植福の会」がございます。

「植福の会」に参加された方のうちご希望の方には、幸福の科学の小冊子（毎月1回）をお送りいたします。詳しくは、下記の電話番号までお問い合わせください。

月刊「幸福の科学」

ザ・伝道

ヤング・ブッダ

ヘルメス・エンゼルズ

INFORMATION	**幸福の科学サービスセンター** **TEL. 03-5793-1727**（受付時間 火～金：10～20時／土・日：10～18時） 宗教法人 幸福の科学 公式サイト **happy-science.jp**